LIMITES NATURELLES

DE LA FRANCE

LIMITES NATURELLES

DE LA FRANCE

UNIFICATION DE L'ITALIE

RECONSTITUTION DE LA POLOGNE

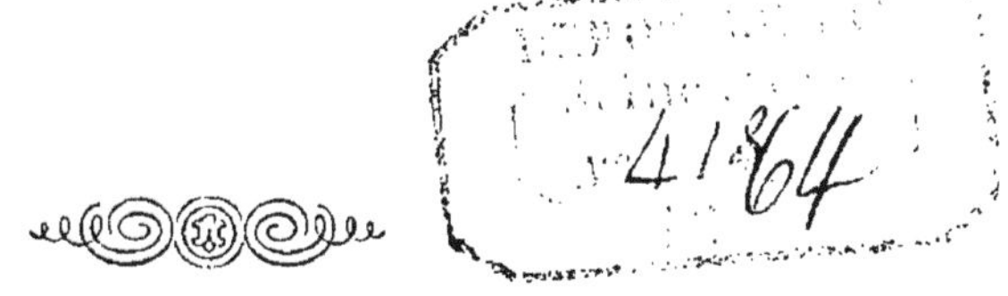

POISSY

TYPOGRAPHIE DE AUGUSTE BOURET

1864

A SA MAJESTÉ L'EMPEREUR

Sire,

Dans nos jours heureux, nous avons servi, de notre humble dévouement, la cause sainte et grande de la prospérité de la patrie. Nous avons combattu, de toutes nos faibles forces, pour les grands principes qui ont élevé Votre Majesté au plus beau trône de l'univers.

Ces jours heureux sont passés. Nous avons été trahis, en parcourant la carrière, par les mille obstacles, dont l'égoïsme et la peur encombrent le chemin des gloires de l'avenir. Un de nos plus zélés partenaires, M. Léopold-

Gustave de Sebille, a voulu déblayer la route... Le vent de l'adversité a balayé, autour de lui, tous ses appuis... Après une lutte désespérée, il a sombré... Aujourd'hui, il expie dans les fers un moment de délire... Mais les ombres et les liens de l'adversité n'ont pu éteindre son intelligence, ni paralyser son cœur... Un jour viendra, j'espère, où, sans s'écarter de la place modeste que la Providence lui assigne, Votre Majesté le retrouvera, dans le camp des défenseurs de l'Empire, grandi par la résignation, purifié par la souffrance, entraîné par l'enthousiasme, toujours disposé à faire, mille fois, le sacrifice de sa fortune et de sa vie pour le triomphe de notre drapeau.

En l'attendant, et pendant les longues insomnies de la captivité, quand ses rigueurs auraient dû produire le désespoir et la révolte, il n'a trouvé dans le fond de son cœur que des pensées de soumission et d'attachement pour Votre Majesté. Le temps a marché. L'avenir, en dévoilant ses perspectives nouvelles, semble confirmer les méditations hardies du prisonnier.

Je les ai réunies en faisceau et je viens avec le plus profond respect, Sire, les mettre aux pieds de Votre Majesté, comme un hommage public des vœux ardents et des espérances sérieuses de vos plus dévoués sujets.

Daignez les agréer et me croire,

Sire,

De Votre Majesté,

Le plus humble, le plus obéissant, le plus dévoué serviteur et fidèle sujet,

Aug. BOURET.

Paris, 20 janvier 1864.

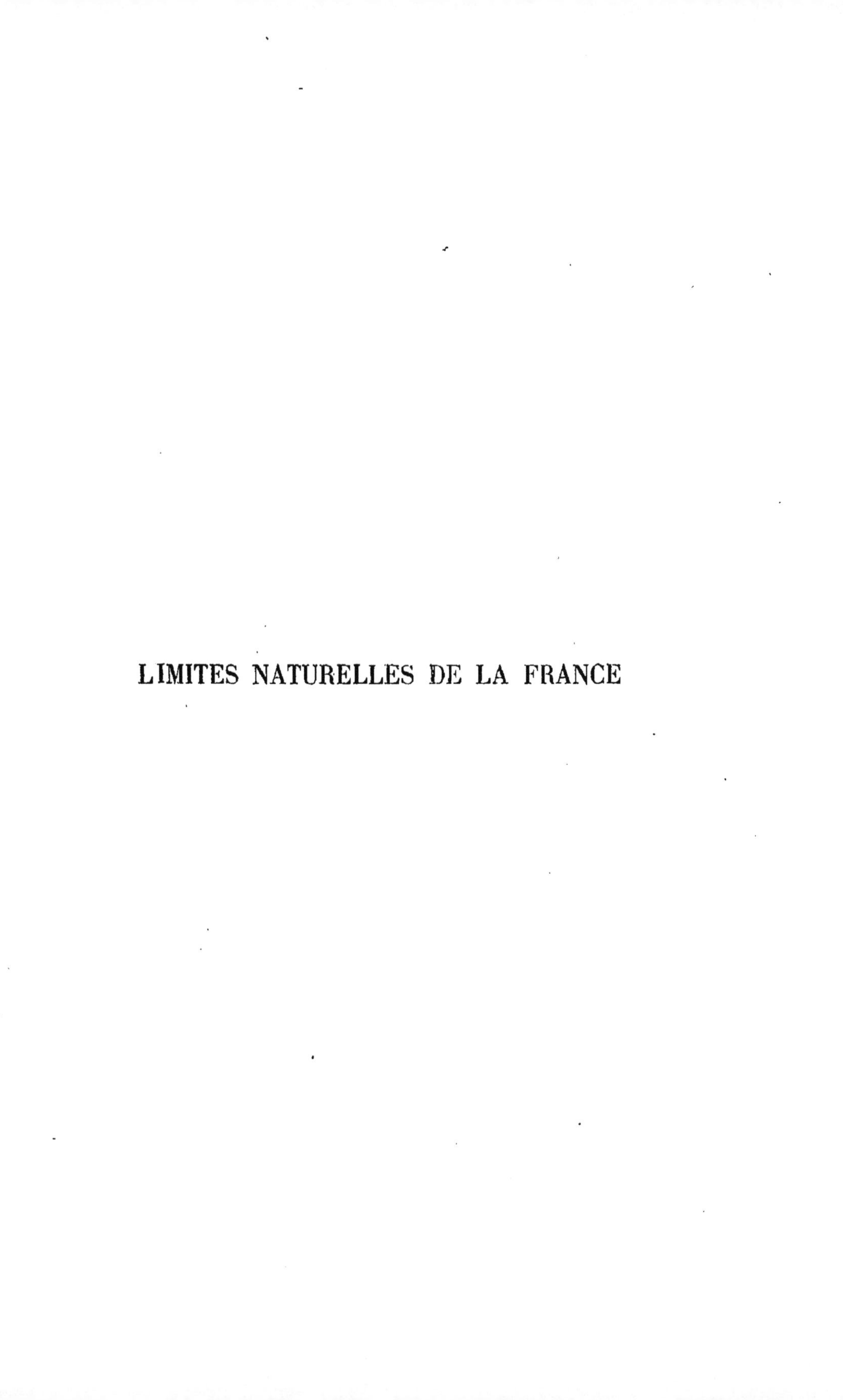

LIMITES NATURELLES DE LA FRANCE

CHAPITRE PREMIER

LIMITES NATURELLES DE LA FRANCE

24 août 1861.

Nul gouvernement humain ne peut être l'ouvrage de la seule volonté des hommes. Dans ce grand travail, il est impossible de méconnaître la main de Dieu, l'action du temps et toutes les causes étrangères à la délibération humaine.

J'appelle sur ces causes étrangères l'attention méditative des intelligences élevées et les prie de ne voir dans ce travail qu'un homme qui connaît l'étendue de ses devoirs et qui s'efforce de les remplir.

Je viens aligner des pensées qui n'ont pour but que d'affermir la dynastie impériale, d'augmenter la prépondérance de la France et de consolider l'équilibre européen.

Il existe entre les peuples du midi et de l'occident, Français, Belges, Italiens, Espagnols, tous enfants de la civilisation romaine, une conformité de génie, de mœurs, d'intérêts, quelquefois de territoire, qu'on ne retrouve pas au delà du Rhin et des Alpes, et qui constitue un lien indissoluble pour une alliance naturelle.

Le mouvement qui s'est produit en Belgique et dans les provinces du nord, comme celui qui se produit en Italie depuis plusieurs années, n'était point une tentative turbulente, téméraire, ambitieuse, ni une conspiration vulgaire ; c'était la civilisation marchant, sous l'impulsion de la gravitation des peuples, vers une condition meilleure, demandant une tentative sérieuse et définitive au profit de *la liberté et de l'indépendance de l'occident.*

Le principe de la souveraineté du peuple ne donne à personne le droit de faire obstacle à ses idées de grandeur et de progrès. Tout bon citoyen doit servir le mouvement ascensionel des destinées de sa patrie : c'est ce que nous avons fait !

En avril 1805, un ministre anglais, M. Pitt, fils de lord Chatam, d'accord avec un ambassadeur russe, inventa la création d'un royaume des deux Belgiques. (*Sic.*) Pour étouffer la gloire éblouissante de l'Empire français, à l'image de celle que Vauban avait élevée autrefois pour la défendre, il proposa une ceinture de forteresses à construire aux frais d'une alliance qui ne tarda pas à se réaliser. Cette idée fut l'origine du traité de 1815.

Ce malheureux traité plaçait les provinces du nord et la Péninsule Italienne, dans une condition d'étroite dépendance, aussi fatale à leurs intérêts matériels qu'à leur existence morale et politique.

Depuis dix ans nous avons formé le projet de briser le traité de 1815, et nos espérances ont jeté de profondes racines. Elles comptent des dates qui sont les épouvantails de nos adversaires : 1795, 1796, 1803, 1820, 1830, 1853, 1857 !

Les forces des nations ne servent qu'à établir la prédominance des unes sur les autres. Ce qu'un homme de génie est à une nation, une grande nation doit l'être à l'humanité tout entière. Sa mission est de civiliser, d'éclairer le monde et de le faire marcher rapidement dans les voies du progrès. Pour y arriver, elle doit unir la force et la prudence, afin de faire triompher la force et la justice, et établir entre les divers peuples l'équilibre politique, qui constitue la sécurité des nations.

L'équilibre européen n'existe pas dans l'état actuel. La France est souvent isolée ou entravée dans ses généreuses inspirations. Nous voulons lui assurer la libre action de sa loyale politique.

L'Autriche et la Prusse sont alliées.

La Russie consolide cette union dans l'intérêt de son ambition envahissante.

L'Angleterre affiche une politique modérée et expectante, pour librement semer la discorde entre les puissances, développer autour des trônes l'esprit révolutionnaire et finir par se joindre au plus fort pour partager les dépouilles du vaincu.

Les États scandinaves et allemands suivent en majorité les destinées de la Prusse, de la Russie et de l'Autriche.

Le Portugal et l'Espagne languissent dans une apathie funeste.

La Belgique, la Hollande et les Provinces Rhénanes, arrachées à la France par la haine jalouse des autres Puissances, subissent la pression de l'Angleterre et de la Prusse, qui se réservent cette voie pour se porter secours, vider leurs discussions sanglantes, ou fondre sur la France s'il arrivait un désastre.

Le Piémont foule aux pieds l'influence de l'Autriche, qui maintenait l'Italie dans un état de morcellement indigne de son passé.

La malheureuse question des provinces du nord est ajournée indéfiniment. Je crains que la question italienne se termine par une échappatoire fatale... Mais si elle est résolue conformément à la volonté des populations et *au plan général du grand mouvement européen,* qui s'est produit à

la proclamation de l'Empire, ce succès conduira infailli-
blement à la réalisation du *plan tout entier* qui a pour but
la liberté et l'indépendance de l'occident.

L'Italie, se souvenant de sa gloire antique, fatiguée des
mesquines ambitions qui la divisent, veut reprendre une
position respectable parmi les puissances européennes. Elle
demande un maître : ses vœux appellent le roi Victor-
Emmanuel... Avec quel enthousiasme elle l'eût reçu des
mains de V. M. après les victoires qui ont amené la paix de
Villa-Franca !

Les vastes dominations sont dans les desseins de la Providence. Il faut profiter toujours des occasions qu'elle nous
offre : car elle n'accorde ses faveurs, ni aux téméraires qui
la dévancent, ni aux incrédules qui la dénient ; mais aux
croyants qui les saisissent hardiment quand elle nous les
présente !

Les Français, régénérant l'Italie, se l'attacheraient pour
toujours et ne s'y prépareraient pas ces brusques revire-
ments d'affection, dont elle a donné tant de fois l'exemple,
depuis que ballottée entre les Français et les Allemands, elle
n'a fait que changer de maîtres.

En réunissant la Lombardie, la Vénétie, le Piémont et
la Péninsule Italienne entière, on constituerait un superbe
État, qui, gouverné par le roi Victor-Emmanuel, devien-
drait le plus ferme allié de la France. On donnerait à l'Europe une puissance nouvelle, unie à l'Empire, qui rendrait

d'immenses services à l'équilibre général... Un État Italien, de 25 à 30 millions d'habitants, possédant les plus belles frontières du monde, baigné par deux mers, aurait la certitude d'une prospérité sans bornes.

La seule question délicate est celle qui concerne le Saint-Siége. Le sentiment unanime et raisonnable de la civilisation moderne l'a résolue. Sa Sainteté a bien assez de son pouvoir spirituel. Qu'on lui assure la libre jouissance de ses temples, de ses palais, de ses domaines et des richesses convenables au Pontife suprême de la chrétienté ; que le christianisme exerce en paix l'action civilisatrice de sa morale sublime ; mais qu'on délivre l'Italie des intrigues de la fraction turbulente du clergé. Son administration temporelle nuit à l'éclat de la religion, compromet souvent son existence politique et matérielle, et lui prépare des malheurs incalculables.

La difficulté de gouverner l'Italie serait résolue par le protectorat que la France accorderait à son nouveau souverain, qui, en s'étendant sur son administration pendant quelques années, la guiderait sûrement dans des voies d'indépendance, de liberté et de progrès.

L'Italie entière marche vers ce but. Et si l'on ne veut pas avouer tout entier le projet de sa régénération, il faut du moins adopter, sans détour, le système complet de son indépendance... Elle a besoin du protectorat de la France parce que, gouvernée depuis longtemps par des prêtres et des étrangers, elle manque d'hommes d'État expérimentés.

Avec quel élan d'enthousiasme elle proclamerait arbitre de ses destinées S. M. l'Empereur Napoléon III, si bien placé pour ne partager aucune des passions qui la divisent et pour ne vouloir que son bonheur. L'idée d'un pareil protectorat est grandiose. Elle plaît aux imaginations méridionales. Elles l'ont espéré le jour où on releva le drapeau de leur indépendance. A cette vue les têtes se sont exaltées; les cœurs ont battu d'audace ; les poitrines ont bravé les bayonnnettes des légions de leurs anciens maîtres et la révolution s'est produite forte, prospère et triomphante ! L'abandonner à elle-même, c'est la livrer à l'anarchie ! La secourir, c'est féconder sa puissante vitalité, ses nobles élans, ses instincts généreux !

Le premier souverain de l'Europe en fondant l'indépendance italienne prendrait l'engagement de la maintenir et de la défendre. La politique de ce grand État, constitué avec éclat, serait liée à la politique de la France, sans amoindrir son existence... ce serait un puissant jalon, planté pour l'exécution du *plan général*, qui seul peut assurer la paix et la prospérité de l'Europe...

L'Espagne et le Portugal, dont la décadence est toujours prête à se changer en trahison, sous l'influence française, rendant de l'énergie à leurs institutions, retrouveraient leur ancienne splendeur.

La Belgique, la Hollande et les Provinces Rhénanes,

réunies à la France, lui apporteraient une prospérité et une sécurité inconnues.

Ces nations fières et généreuses méritent un plus noble sort que celui d'être ballottées aux caprices des rancunes européennes et asservies à des cours incapables, impuissantes ou aviliés. Elles méritent de partager la régénération de l'empire français, afin de l'aider au développement de l'industrie, à l'affranchissement du commerce de l'Europe et au renversement de la suprématie maritime de l'Angleterre. Elles méritent d'être conviées à de *vastes destinées.*

La France, défendue au midi et au nord par des peuples fidèles et intrépides, dominerait l'Europe d'une influence égale à celle des autres puissances et remplirait impunément les devoirs de la politique équitable que Votre Majesté avait adoptée.

Réunir dans un même esprit, dans un même intérêt tout l'Occident, c'est-à-dire la France limitée par le Rhin et les Alpes et les deux péninsules Italienne et Espagnole ; opposer leur puissance continentale à la coalition sans cesse imminente des cours du nord, leur puissance maritime aux prétentions toujours exorbitantes de l'Angleterre, est une vraie et légitime ambition, justifiée par les règles de la plus saine et de la plus profonde politique... à ce prix l'équilibre européen deviendra une redoutable réalité ! C'est vers ce but immense qu'ont tendu tous nos efforts !

L'exécution de notre projet peut seul maintenir le prestige de l'invincibilité des armées françaises et assurer l'intégrité du territoire de l'empire. En effet, l'empire français sera vulnérable par le nord aussi longtemps qu'au sommet de son échiquier stratégique, il laissera subsister le triangle formidable formé par la Belgique, la Hollande et les provinces Rhénanes... Ce triangle menaçant, hérissé de forteresses, protégé par les éléments, est sans cesse bouillonnant de l'effervescence d'une liberté sans frein, sous le masque de la neutralité inviolable. C'est le champ clos des ambitions européennes, dont les portes ouvrent au cœur de la France.

Quand la République de 1793 voulut assurer la sécurité de ses frontières menacées par l'Europe, sa première pensée fut de réunir la Belgique à la France.

Le 25 octobre 1795, conseillé par le général de division Bonaparte, le Directoire proclama solennellement cette réunion.

Le 20 décembre 1796, l'Autriche, vaincue par le génie et les soldats du général Bonaparte, ratifia par la signature de l'empereur François II, à Campo-Formio, la possession des provinces du Nord.

En 1803, la Prusse fut forcée de céder à la France les provinces qu'elle possédait sur le Rhin.

Après la paix de Lunéville, l'empereur Napoléon Ier dit aux députés belges : — « Quand même l'ennemi aurait son quartier général au faubourg Saint-Antoine, le peuple français n'eût jamais cédé ses droits, ni renoncé à la réunion de la Belgique... »

En 1820, sous Louis XVIII, des ouvertures secrètes furent faites, dans le même but, au cabinet des Tuileries.

En 1830, une députation officielle vint à Paris offrir la couronne de Belgique à un prince français.

En 1853, M. de Sebille eut l'insigne honneur de faire une démarche en faveur de la réunion, auprès de S. M. l'Empereur.

En 1857, le peuple entier était disposé à se soulever aux cris de : — « Vive l'Empereur ! »

Ces élans intermittents de la volonté des populations prouvent la nécessité de cette réunion, dont l'urgence se fait sentir plus vivement chaque fois que l'occasion paraît favorable.

La France, par sa situation géographique, est trop exposée aux aggressions des autres puissances pour ne pas finir par reprendre ses frontières naturelles et infranchissables... Dieu a planté pour elle ces barrières sur le périmètre que tous les grands règnes lui ont donné et qui seul peut garantir l'intégrité de son territoire.

L'empereur Napoléon Ier a conquis la plus belle gloire en consolidant les limites de la France sur le Rhin, en délivrant l'Italie de la domination autrichienne, et en préparant l'indépendance italienne. Mais alors, il a pris envers les peuples des engagements solennels, dont ils se sont souvenus à l'avènement de son héritier et dont la réalisation a été une des conditions de son élévation... Sa Majesté l'a si bien compris, qu'en montant sur le trône, elle a promis que, sous son règne, la France saurait, par son influence, sa fermeté, au nom de sa dignité longtemps outragée, effacer l'humiliation de ses revers, briser les liens qui la tenaient captive, amoindrie, et privée de la grandeur acquise par l'effusion d'un sang généreux : c'est-à-dire qu'elle reculerait ses frontières et reprendrait dans son sein des populations françaises, qui lui ont été arrachées comme une rançon de ses défaites !

Manquer à ces engagements, c'est lutter avec une destinée inévitable, car la force morale vaincra toujours la force matérielle, c'est trahir des espérances légitimes ; c'est abandonner des limites que la coalition n'a enlevées que parce qu'elle en comprenait la résistance inexpugnable ; et, je le dis avec un profond sentiment de douleur, c'est s'exposer aux ressentiments d'une haine méritée ; c'est braver des vengeances implacables ; c'est pousser ces peuples à se jeter dans les bras des ennemis de la France, par ressentiment ou par désespoir !

L'horizon politique s'assombrit, l'énergie seule peut sauver la couronne, la conserver à l'héritier présomptif et affermir la dynastie impériale.

L'armée française est la première armée du monde ; par elle la voix de Sa Majesté domine au loin ; son drapeau fait reculer la barbarie et répand la civilisation jusqu'aux extrémités de l'univers. Avec elle, dans une guerre défensive, on peut facilement vaincre l'Europe coalisée ! Le moment est venu de frapper un grand coup. En trois jours, la Belgique, la Hollande et les Provinces Rhénanes peuvent être occupées.

Le jour où la réunion sera décidée irrévocablement, le jour où nos amis en auront la vraie certitude, les populations acclameront avec enthousiasme les aigles impériales... Notre élan, d'abord encouragé par des agents, puis comprimé par l'Empereur, a fait trembler deux fois les trônes de Belgique et de Hollande. En 1853 et en 1857, si le gouvernement avait ratifié les promesses de certains agents, la réunion aurait eu lieu spontanément, sans coup férir.

Quand l'Empire fut proclamé à Paris, les provinces du Nord, déshéritées d'une nationalité durable, souvent dévastées, morcelées par la guerre et les caprices de la diplomatie, avaient conçu l'espoir de partager sa glorieuse destinée. Elles aspirent à une condition d'unité et de stabilité qui leur manque et pour laquelle elles frémissent d'impatience depuis des siècles. Elles sont fatiguées du rôle trop modeste qui leur est assigné. Elles veulent un plus grand développement commercial et industriel et la grandeur nationale. Pour les obtenir, elles s'ébranlent à chaque secousse ; elles bouillonnent à chaque révolte. Toutes les révolutions de l'Occident s'élaboreront dans leurs journaux jusqu'à ce que ce but soit atteint.

Mais quand le gouvernement impérial sera prêt, quand l'heure sonnera, ces populations, comme l'Italie, sauront imposer à l'Europe par leur attitude décidée et menaçante.

C'est en vain que des amis pusillanimes n'ont pas osé avouer leur timide participation à nos malheureux efforts : les échos des cris de : « Vive l'Empereur ! » partis des villes du Nord ont retenti jusqu'à Paris... Et les débats orageux de la presse? Et les protestations audacieuses signées par M. de Sebille, qui lui ont valu les remerciements officiels du gouvernement français? Et les mouvements de 1853 et 1857, si prudemment combinés, n'étaient-ils pas inspirés par des convictions françaises? Nier ces faits, c'est nier la clarté du jour !...

Les mêmes intérêts subsistent toujours et il serait possible de ramener les esprits à un mouvement décisif. Les sacrifices continuels que les gouvernants font aux exigences des populations, prouvent leurs efforts inquiets pour se maintenir. Les violences de la presse expriment ses craintes. Le langage de nos amis révèle l'exaspération d'une déception cruelle et les amers regrets de leur stérile dévouement... Qu'on leur donne la certitude d'un concours légal; qu'on leur laisse planter le drapeau français au centre de ces provinces tourmenteuses sous la main mal affermie qui les gouverne, et l'on n'attendra pas longtemps l'exécution du projet.

Il résulte des considérations qui précèdent que, si l'on veut, à Paris, fonder une société prospère, une dynastie solide; si l'on veut mettre l'Empire à l'abri des tempêtes révolutionnaires, il faut remplir le programme de l'empereur Napoléon Ier. Il faut que les aigles étendent leurs ailes jusqu'au Rhin et planent, radieuses protectrices, sur les deux Péninsules !

Il doit sortir de ce vaste projet de grandes destinées pour l'Occident. Dans ces contrées du Nord et du Midi, il y a des nations fortes, laborieuses, intelligentes, toutes issues de la civilisation romaine; aussi fières du souvenir de leurs grandeurs passées que si ces grandeurs existaient encore; ayant perdu l'habitude des combats, mais capables du plus fanatique dévouement; haïssant par instinct l'Allemagne et l'Angleterre; appelant de tous les points du globe les lumières du progrès; pleines de nobles et touchantes qualités; désolées de leurs humiliations; ennuyées de leur oisiveté; fascinées des gloires de la France; voulant travailler sous ses aigles à fonder le plus puissant empire du monde !

Les volontés de ces peuples ont prouvé qu'elles faisaient bon marché des obstacles élevés par la main des hommes ! Elles sont puissantes comme les vagues de la mer ! Il n'appartient qu'à Dieu de leur assigner des limites !

Elles demandent les frontières naturelles et l'indépendance italienne pour triompher de la crise continentale que nous traversons.

Cette œuvre grandiose est plus qu'une nécessité : c'est un devoir pour le gouvernement impérial. En effet, la Révolution de 1789, joignant à la promulgation de principes immortels l'achèvement du territoire, avait glorieusement conquis les frontières naturelles... La nation avait confié à l'empereur Napoléon Ier la France défendue par le Rhin, les Alpes et les Pyrénées... Le déplorable traité de 1815 a resserré l'État dans ses anciennes limites et lui a violemment arraché des populations riches et nombreuses...

Une destinée inexorable n'a pas permis au vainqueur de l'Europe d'acquitter envers sa patrie la dette de sang contractée par des revers imprévus... Cette dette a été transmise à ses héritiers avec ses droits, sa gloire, son nom ; et elle pèse aujourd'hui d'un poids d'autant plus considérable sur la couronne, qu'il est plus facile de l'acquitter et de faire regretter, même à nos ennemis, de n'avoir pas été réunis plutôt. Mais c'est plus qu'une dette de sang et de famille, c'est une dette qui engage l'honneur du drapeau, car la capitulation de Paris en 1814 est une tache accablante qui doit faire frémir d'indignation tout bon Français.

Les riches provinces du Nord ont trop longtemps souffert des dissensions de l'Europe ; de l'excitation et des ravages qu'entraînent les luttes et les mouvements des armées ; de l'oppression des partis les uns sur les autres. Elles ont des siècles de mépris et de spoliations à venger... Il faut au moins une réparation ou une compensation pour tant de sacrifices... Si elles restent livrées à elles-mêmes, rien ne pourra arrêter leurs vengeances... Il n'y a pas de puissance humaine, quelque grande qu'elle soit, à laquelle il soit donné de froisser impunément les intérêts et les sentiments intimes des peuples... Aux premiers revers, elles sentiront renaître leurs espérances ; avec ces espérances, leurs passions ; avec ces passions audacieuses, une sorte de frénésie indomptable ! Rien ne justifie les hésitations de la France. Dans les grandes entreprises, le succès dépend de la vigueur qui les conduit. Une exécution rapide étonne, subjugue, entraîne les populations ; un élan hardi et victorieux déconcerte, renverse, anéantit la résistance.

Que peut craindre l'Empire ? Toutes les causes morales et politiques sont pour les armées, dont elles tripleront la puissance. Aujourd'hui l'Europe ne bougera pas. Elle est occupée sur tous les points. Tant que la Belgique et la Hollande n'appartiendront pas à la France, elles seront, sous l'influence de l'Angleterre, un moyen de despotisme maritime, pour cette puissance, sur le continent.

Vis-à-vis de la France, la question des provinces du Nord est intimement liée à la question italienne. Il s'agit de savoir si l'Italie, sortant brillante de ses cendres et de ses souvenirs, se levant tout entière sous nos aigles triomphantes, mérite la pression singulière qui paralyse ses unanimes et généreux élans vers l'unité et l'indépendance ?

Il semble, en vérité, qu'on mette la question du Saint-Siége au service des plus minces rivalités et des plus perfides ambitions. La séparation des deux puissances spirituelle et temporelle du souverain Pontife et l'abolition de la dernière est une révolution inévitable du temps, qui n'intéresse en rien la religion, son influence, sa perpétuité. Elle garantit au contraire, dans les siècles futurs, la libre action des enseignements de la morale sublime du catholicisme; en le débarrassant des préoccupations d'une politique étroite et en lui assurant, avec magnificence, des richesses indépendantes, à l'abri de la convoitise diplomatique, et convenables au culte du vrai Dieu !

Si l'Empereur laisse à d'autres le soin d'opérer cette révolution imminente, mille passions mettront la tiare et son trône à deux doigts de leur perte, si elle ne les efface pas de la surface du continent.

Il n'existe pas de considération qui puisse entraver la politique que le souverain français avait proclamée. L'équilibre européen, l'intégrité du territoire de la France, la solidité et la prépondérance de la couronne impériale, le prestige de l'invincibilité de ses armées héroïques, ne peuvent se maintenir sans atteindre ce double but, au delà duquel l'avenir promet les plus grandes destinées,

Quand Sa Majesté, en montant sur le trône, chassa devant elle la sédition et l'anarchie, sauva la société, ramena la sécurité en Europe, ses promesses firent concevoir de légitimes espérances ; des événements inexplicables en ont suspendu l'exécution... Or, je le dis avec un chagrin profond, tout empire prépare son affaiblissement et sa chute, dès qu'il s'éloigne du principe qui a fondé sa force et sa grandeur !

Déjà la manifestation des intérêts et des sentiments fait explosion. Des populations, les unes morcelées par les ambitions européennes, les autres arrachées à la France comme une rançon de ses défaites, s'agitent d'impatience et d'ardeur pour rentrer dans le sein de leur patrie... Elles veulent effacer l'humiliation de la honteuse capitulation de Paris en 1814 et de l'indécent traité de 1815.

Ces sentiments, inspirés par l'instinct du bonheur que le maître de l'univers a mis au cœur des nations, sont répandus sur tous les points. S'ils ne sont pas convenablement répercutés par le miroir de la publicité, c'est que leur expression, longtemps comprimée, ne pourrait se produire sans l'éclat intempestif de la passion ; mais chacun les éprouve et l'orage ambiant grossit sans être aperçu...

Repousser ces sentiments, c'est alimenter la fermentation latente qui fomente la guerre civile et la guerre étrangère ; qui prépare la décadence, la révolte, la trahison ; c'est s'exposer aux vengeances certaines d'un désespoir redoutable ; en un mot, c'est rebuter la Providence et provoquer sa colère à fondre sur nous comme un vautour !

Seconder ces sentiments, c'est réaliser le prix d'audacieuses victoires, par de solides conquêtes ; c'est édifier la grandeur politique de la France sur le dévouement et la reconnaissance des peuples ; c'est lui donner des richesses immenses, une puissance sans bornes, la prospérité dynastique, une gloire sans pareille, et le repos formidable du lion !

La responsabilité décisive du choix de ces deux destinées pèse sur la couronne !

J'ai dit les pensées brûlantes d'une âme ardente et j'ai rempli mon devoir... En terminant, j'adjure Sa Majesté de se persuader qu'il n'y a point de force qui puisse résister longtemps à l'opinion publique. Je la supplie, par le rayon le plus étincelant de sa gloire, par le bonheur de notre cher prince impérial, de ne point mépriser les craintes qui nous affligent, les espérances qui nous animent et un attachement qui a résisté à toutes les vicissitudes humaines !

II

CRISE COMMERCIALE ET ALIMENTAIRE DE 1861

CHAPITRE II

CRISE COMMERCIALE ET ALIMENTAIRE DE 1861

22 décembre 1861.

Je viens dire la vérité, aujourd'hui que son expression est utile et encore sans danger. Si ma pensée n'est point entendue, bientôt, peut-être, on sera obligé d'en souffrir la manifestation intempestive, par les cent voix de la publicité, dans un moment où, au lieu de critique, il faudrait le plus absolu dévouement ; et alors cette vérité, au lieu d'être un secours, deviendra un péril ; au lieu d'un avis, une menace.

Il se prépare une tentative d'une audace extrême, qui

sera poursuivie avec acharnement, non par des esclaves habitués à obéir, mais par des hommes libres, profondément passionnés, capables d'abattre tous les obstacles, de tout oser, de mettre à exécution les projets les plus surprenants.

Trois questions militantes réclament une solution, attendue avec une anxiété inexprimable :

La première, c'est la question alimentaire, d'où dépend la sécurité intérieure du pays ;

La seconde, c'est la question des limites naturelles, d'où dépend la sécurité du territoire ;

La troisième, c'est la question de l'indépendance italienne, d'où dépend la sécurité politique de l'Empire.

Je vais essayer de développer les faces saillantes de ces grands problèmes.

I

La question qui prime tous les intérêts engagés et qui est devenue l'arme la plus terrible des rivalités politiques, c'est la question des subsistances.

Dans les temps modernes, où la science de l'administration et de l'économie ont fait de si grands progrès, les gouvernements paraissent encore impuissants à prévenir la disette. Les théories les plus contradictoires essaient de calculer avec précision l'époque à laquelle on doit permettre l'exportation afin de ne pas ruiner l'agriculture et celle où il devient indispensable de l'interdire afin de conserver au pays assez de blé pour sa subsistance.

Théories insensées, qui semblent toutes détourner l'homme d'État expérimenté de la solution qu'il cherche ! En effet : toute entrave au commerce des grains en élève périodiquement le prix, parce qu'elle livre le producteur à la discrétion du spéculateur, qui profite de la baisse pour remplir ses magasins, et qui pousse la hausse à ses dernières limites, quand il se décide à écouler ses approvisionnements. Il faut donc, en principe, lui accorder une liberté absolue, si l'on veut éviter le monopole de la spéculation.

La presse salariée a trouvé des articles spirituels sur l'insuccès de la récolte, sur la crise américaine, pour expliquer la chèreté des subsistances. Elle a annoncé d'immenses arrivages, et les ports français se sont remplis de vaisseaux chargés de grains, qui ont été vendus promptement. Ces articles ont maintenu pendant quelques jours les masses crédules, mais le prix du pain, après de légères fluctuations, a continué à augmenter.

Le gouvernement ne s'est pas aperçu que ses ennemis creusaient un volcan sous ses pas, que les adversaires influents du pouvoir accaparaient les grains et les substances alimentaires ; détournaient les producteurs de les livrer directement à la consommation ; les décidaient à les vendre à la spéculation étrangère et au commerce interlope, afin de fomenter la révolte par la famine.

En France, la production ne satisfait pas aux besoins de la consommation ; je le prouverai ultérieurement. Le pain s'y vend relativement plus cher que dans les autres pays de l'Europe. Les grains et les denrées alimentaires, achetés à tout prix sur le territoire de l'Empire, sont en partie revendus en Angleterre. L'autre partie est accumulée à l'étranger pour de grands approvisionnements.

Le stratagème n'est pas nouveau... A la veille des révo-

lutions, on voit les mêmes machinations coupables préparer, de la même façon, la chute des Empires, et, dès qu'elle
est consommée, on les voit livrer, à vil prix, le pain qui,
la veille, se vendait au poids de l'or.

Le mécanisme de la perfide opération fonctionne sous
l'impulsion de la passion politique. Elle avait affaire à un
colosse ; elle sentait son infériorité. Elle a appelé à son
secours un fléau terrible, et, dès que ses ravages seront ir-
réparables, elle armera ses légions.

La disette n'existe pas ; le commerce et l'industrie ne
manquent point d'argent, mais l'Empire a à combattre les
causes morales qu'il a soulevées contre lui. Les sociétés secrètes sont en fermentation et se préparent à un soulève-
vement général. Un parti, riche et capable de grandes
choses, flottant entre l'espoir de venger ses déceptions, et
la crainte de voir triompher ses ennemis, attend les événements avec une ardente et fatale inquiétude.

C'est dans ce moment que le gouvernement refuse le
concours d'hommes dévoués et énergiques, et se laisse eni-
vrer par l'encens moqueur de ses adversaires, applaudis-
sant à la course effrénée du char de l'empire qui descend, à
travers des précipices, la pente rapide conduisant à un
abime logiquement inévitable.

Pour rendre l'abondance aux populations affamées, il
faut que les factions hostiles, qui partout lèvent la tête et re-
crutent les haines amoncelées par dix années de déceptions,

soient totalement soumises et totalement gagnées. Et il faut se hâter, car elles s'avancent fortes comme la marée montante. Pour les désarmer, il faut leur accorder les satisfactions qu'elles attendent de l'exécution des promesses de S. M. l'Empereur. Les deux principales sont les limites naturelles et l'indépendance Italienne.

Le commerce, l'industrie, l'agriculture, la richesse publique, la grandeur nationale, ne connaîtront la prospérité qu'à ce prix.

II

J'ai démontré dans le premier chapitre, d'une façon irré-
fragable, la nécessité absolue des frontières naturelles. Et
déjà, les événements se pressent pour confirmer la vérité de
mes paroles.

Notre parti me place, en sentinelle perdue, sur la route
de Sa Majesté, un flambeau à la main, pour lui faire voir,
une fois encore, que tout est mûr pour nos succès; que nous
avons à cueillir une ample moisson de victoires, de butin
et de renommée.

Les provinces du Nord sont essentiellement commerciales et agricoles. Elles possèdent des richesses inépuisables. Comme toutes les nations livrées à l'industrie et au
négoce, elles éprouvent le besoin et la noble ambition des
grandes possessions territoriales. Toute autre affirmation
est contraire à la vérité, au bon sens, au sentiment du
peuple, à la félicité de son avenir.

Par la séduction des mœurs françaises, par le développement de l'industrie, du commerce, de l'agriculture, la réincorporation de ces provinces les rendra bien vite nationales.

Résister à l'impulsion instinctive qui tend à la réunion, c'est lutter avec l'opinion publique, sans laquelle l'armée est impuissante à sauver son souverain.

César et Napoléon Ier, les deux plus fameux conquérants du monde, ont reconnu que les frontières naturelles étaient le premier principe de la puissance de nos pères.

« Depuis les temps les plus reculés, dit César dans ses commentaires, les Gaulois occupaient le territoire continental, compris entre le Rhin, les Alpes, la Méditerranée, les Pyrénées et l'Océan. *Ainsi défendus par la nature* et soutenus par leur courage, ils sont devenus le peuple le plus redoutable de l'Europe. »

Le vainqueur de Wagram disait à l'empereur d'Autriche : « Quand on voudra contester à la France ses limites, les frontières de Belgique seront toujours les premières menacées... »

Tel est l'enseignement que vingt siècles glorieux nous donnent à chaque page.

Les provinces du Nord sont des magasins encombrés de richesses industrielles. Par une politique dont nous ne comprenons pas la sagacité, leurs produits sont frappés à l'importation en France de droits exorbitants ou prohibitifs. Si la barrière des douanes disparaissait, leur commerce saurait prévenir le retour de crises pareilles à celle qui a désolé l'Empire cette année.

Si ces considérations économiques ne peuvent convaincre le gouvernement, qu'une douloureuse appréhension le .décide… Je le dis avec une entière franchise, il ne marchera point en sécurité tant que les tracasseries fiscales exerceront sur l'industrie belge leur action désespérante ; car en produisant ce sentiment, il donne à ces peuples une énergie surnaturelle, qui déjouera tous les calculs, surmontera la puissance de l'art le plus consommé, et préparera à l'Empire une catastrophe fatalement prochaine.

Les passions, pour s'allumer, n'attendent la permission ni de Dieu, ni des hommes. Elles s'allument comme ces feux qui ravagent les forêts impénétrables, sans qu'on en connaisse la cause. Abandonnées à leurs fureurs, elles ne laissent après elles que ruines, mort et dévastation !

Fasse le ciel que le gouvernement rende bientôt à la France ses limites naturelles et ramène dans ses belles provinces le repos, la fécondité, l'abondance dont elles ont tant besoin.

III

Mais il est une autre condition à la durée de ce bonheur, c'est l'alliance avec l'Italie, érigée entière en royaume indépendant, et protégeant, par la Méditerranée, les relations africaines et orientales de l'Empire... C'est la troisième question qu'il me reste à traiter.

L'Italie s'est levée pour l'unité et l'indépendance, et pour obtenir cette liberté progressive qui crée la félicité publique.

Rome, centre de la civilisation Italienne, est le cœur de cette grande nation.

Rome, dont la gloire antique rayonne jusqu'à nous pour nous rappeler une force et une grandeur qui sont restées sans égales !

Rome enfin, la seule cité devant laquelle les rivalités municipales de la péninsule consentiront à s'incliner, parce qu'elle est et restera la ville aux souvenirs éternels !

Toutes les considérations sociales et politiques, la prospérité de 25 à 30 millions d'habitants, la prépondérance de l'Empire Français, l'équilibre Européen militent en faveur de ce but grandiose !

Le jour où l'Empereur a pu l'atteindre, il s'est arrêté à Villa-Franca devant deux faibles obstacles ; comme si la force militaire, appuyée de l'opinion publique, ne se jouait pas toujours des combinaisons de la sagesse et de la politique.

Sans la participation française, le mouvement populaire a brisé le premier en détrônant les princes Italiens. Ensuite, pendant quelques jours, nos adversaires ont triomphé à Naples et à Rome, et il a été question un instant de diviser l'Italie en trois royaumes indépendants?...

Utopie nouvelle, irréalisable, absurde, inventée pour humilier le trône, pour donner le change au patriotisme péninsulaire, pous détourner le cours de ses instincts libérateurs, pour assurer le retour des nombreux princes déchus, pour préparer les bouleversements de l'anarchie, enfin pour donner à la politique napoléonienne un soufflet plus outrageant que la capitulation de Paris en 1814 ou que le traité de 1815.

Le second obstacle se serait évanoui comme une ombre, si le pouvoir temporel du Saint-Père n'avait été maintenu par l'armée française.

On s'explique difficilement cette intervention, quand on

se rappelle que Rome, envahie par les Espagnols de Charles-Quint, vit quelque temps après, le pape Clément VII sacrer le monarque et s'allier à lui. Le changement qui s'opéra alors, on le verrait encore s'opérer aujourd'hui ; car le pouvoir temporel du Saint-Siége n'est pas sérieux. C'est un mythe. Il lui manque la première et la principale condition d'existence, la force constitutive et inhérente à toute autorité. Il n'a pas d'armée indigène, ses lois s'y opposent ; il ne se maintient que par les bayonnettes étrangères. Le principe de sa puissance temporelle, vis-à-vis de l'Europe, est donc pour lui une cause absolue de dépendance, puisqu'il est à la merci des stipendiés qu'il recrute hors de ses frontières. Ce pouvoir n'est donc pas une réalité : c'est un fantôme agitateur, travaillé par les mercenaires qui, malgré la loyauté d'un pontife vénérable, compromettent sans cesse les principes de la religion sainte qu'ils sont chargés d'honorer et de défendre.

On ne comprend pas que, dans cette situation précaire, la cour du Vatican, qui accepte les bayonnettes salariées des étrangers, pour imposer sa puissance à une province exiguë, refuse la protection d'une armée indigène, commandée par un souverain Italien, qui ne veut régner qu'en proclamant la liberté des cultes et conservant à côté de lui la tiare, jouissant de toutes ses richesses et de toutes les franchises spirituelles qu'elle sollicite vainement depuis trois siècles.

Rome doit conserver, dans son sein, le chef suprême de la chrétienté, et, avec lui, elle doit posséder le souverain de l'Italie, chargé de défendre et de faire respecter le culte divin. Il faut que les vertus du pontife fassent accepter à l'Europe la puissance du monarque Il faut que Rome, souveraine du monde par la croix, soit souveraine du royaume par les armes, et porte, dans toute l'étendue du territoire l'ordre, la paix, la justice, sous l'ascendant des principes du christianisme. Il faut que les provinces nouvelles soient plutôt protégées et délivrées que conquises. Il le faut ; car, s'il en était autrement... qu'on me permette de le dire... c'est la vérité... on rallumerait le feu des passions méridionales et l'orage, dont Orsini a fait briller les premiers éclairs, ne tarderait pas à foudroyer !

J'ai démontré que la crise alimentaire était le résultat des machinations subversives des partis, qui cherchent à venger leurs déceptions et leurs souffrances.

J'ai prouvé l'urgence des frontières naturelles, qui seront un gage de prospérité pour des populations nombreuses et une condition de vitalité pour la France.

J'ai établi la nécessité de l'unification et de l'indépendance de l'Italie, avec Rome pour capitale.

Je termine en formant des vœux ardents pour que ces faits s'accomplissent simultanément bientôt sous l'action irrésistible de la politique magnifique que l'Empereur avait inaugurée à son avènement.

Les peuples jouiront paisiblement de ces résultats su-
blimes si on laisse aux provinces nouvelles leurs mœurs
et leurs coutumes ; si l'on en exige des tributs plus légers
que ceux qu'elles payaient sous leurs anciens maîtres ; si
on leur accorde la liberté, qui, comme un soleil réparateur,
féconde les éléments de la prospérité.

Que ce mot de liberté ne provoque aucune crainte. Nous
ne confondons pas la liberté avec la licence ni avec tous
les excès qui se commettent en son nom. La liberté que
nous demandons est celle qui convient aux grands peuples.
Elle laisse à l'homme une généreuse indépendance ; mais
elle veut avant tout qu'on obéisse aux lois. Elle est amie
de l'ordre et des devoirs. Elle protége tous les droits ; veut
des lois, des institutions, et non des supplices et des écha-
fauds. Elle fait regarder la patrie, non comme une idée
abstraite ; mais comme une mère bienfaisante, puissante,
chérie et respectée !

J'ai dit la vérité entière. La taire eût été cacher le mal
sans l'arrêter ; car ses ravages sont d'autant plus grands
qu'ils se révèlent tous à la fois quand il n'est plus temps
d'y remédier.

Si le souverain ne réalise pas nos espérances ; qu'il ne
compte plus sur le patriotisme de son peuple. Le patriotisme, ou l'attachement à nos compatriotes, dépend du
gouvernement et n'est autre chose que le sentiment de la
force et du bien-être qu'il nous donne en commun.

Qu'il ne compte plus sur l'armée. Les bons officiers, préoccupés du maintien de la discipline, se battent encore par dévouement à leurs devoirs ; mais il sont secrètement indignés de voir leur sang couler sur des terres lointaines sans profit pour leur patrie.

Abandonné alors par le peuple et l'armée, je n'ose entrevoir les malheurs qui le menacent... Mais il n'en sera point ainsi ; j'en ai la ferme confiance...

Ainsi que je l'ai dit en commençant, nul gouvernement humain ne peut être l'ouvrage de la seule volonté des hommes. Il est impossible de méconnaître, dans ce grand travail, la main de Dieu, l'action du temps et toutes les causes étrangères à la délibération humaine. Les hauts dignitaires de la couronne, entrés, pour ainsi dire, à la suite de S. M. l'Empereur, dans le conseil de ces puissances supérieures, sont, par le droit du dévouement et du mérite, leurs représentants et leurs ministres. Ils ne doivent point souffrir qu'on remette en question ce qu'elles ont fait et décidé et ce que Sa Majesté a fait et promis elle-même, pour fonder, à la place de la république renversée, le gouvernement impérial !

Nous proposons à l'Empereur de réaliser ses triomphes par la possession de contrées fertiles ; afin de prouver qu'il n'a point frappé de si grands coups, pour moissonner seulement un laurier sanglant et une gloire stérile !

La raison, l'intérêt, la sécurité de l'Empire, la politique

française, le sentiment unanime des populations commandent de reprendre les frontières naturelles et de décider
l'unification indépendante de l'Italie, pour éviter les crises
trop faciles qu'engendre une terre également disposée à
porter des moissons, des factieux et des soldats!

III

ALLIANCE CLANDESTINE DE LONDRES ET TURIN

CHAPITRE III

ALLIANCE CLANDESTINE DE LONDRES ET TURIN

15 mars 1862.

Le peuple anglais ne rêve que guinées. Il insulte à la misère. Il sent, il frotte, il examine, il fait sonner son schelling; il ne voit partout que du cuivre et de l'argent. Ses ambassadeurs, représentants consciencieux des idées nationales, ont pour principe le *Divide et impera,* qui est l'expression cynique de la jalousie et de l'égoïsme.

Sa diplomatie élève la grandeur britannique sur les bouleversements et les infortunes des autres nations. Je ne crois pas que, depuis dix siècles, elle ait formé une alliance, sans l'idée préconçue de l'exploiter, de la trahir et de la conduire à l'abîme, par un sentier bien tortueux et bien obscur, et sous le bandeau d'un bon serment de fidèle et inviolable amitié.

Cependant il arrive que malgré la dextérité de l'artifice, l'indiscrétion laisse transpirer la déplorable vérité. On aperçoit alors un coin du manteau clandestin de la jonglerie. J'en parle aujourd'hui pour confirmer la haute opinion que nos aïeux nous ont transmise de la sincérité de nos bons voisins.

Une alliance est utile quand, par une loyale réciprocité de sacrifices, elle sert la politique du gouvernement, protége son commerce, favorise son industrie, épouse ses querelles, partage ses dangers, proportionnant son zèle aux embarras, son courage aux périls et hâtant la victoire par la communauté des efforts et du dévouement.

Or, lequel de ces avantages le gouvernement impérial a-t-il retiré de l'alliance avec la riche Albion?... Il serait fort embarrassé de le dire... et moi aussi.....

On prétend même que l'Angleterre, plus fidèle aux traditions britanniques qu'aux serments de confraternité, vient de signer, sans le moindre bruit, un traité d'alliance clandestine avec la cour de Turin. Elle s'y engage à favoriser l'indépendance de la Péninsule par tous les moyens en son pouvoir

Rome sera la capitale de l'Italie. Le Souverain Pontife

sortira de son territoire. Telles sont les deux principales conditions de ce traité.

L'or manque à l'Italie. L'Angleterre lui ouvre ses trésors, afin d'y établir solidement sa prépondérance. Maîtresse en outre, par ses richesses, de la fortune publique en Portugal et en Espagne, elle étreint l'Empire, au Nord, au Midi, à l'Occident, dans les trames de sa politique perfide. Elle acquiert une prépondérance maritime sur la Méditerranée, menaçante pour l'Afrique et l'Orient. Elle y reprend, avec usure, la suprématie que devait lui enlever le percement de l'isthme de Suez. Elle ravit à la France l'alliance la plus précieuse, destinée à la maintenir au premier rang des puissances européennes. Enfin, selon sa coutume, pendant qu'elle tient au gouvernement français un langage modéré, conciliant et amical, elle répand, en Italie, les bruits les plus absurdes et les plus compromettants sur la politique de l'Empereur, afin de profiter seule du triomphe de nos armées !

L'Angleterre poursuit dans l'ombre une œuvre de destruction. Elle veut étouffer dans un abime les splendeurs du catholicisme et les gloires du règne impérial. Il dépend de S. M. Napoléon III de les restaurer plus grandes que jamais. Des hommes, moins heureux que fidèles, l'attendent de cette ferme volonté que le génie inspire !

IV

AVANTAGES MATÉRIELS DE L'ANNEXION

DES PROVINCES DU NORD

CHAPITRE IV

AVANTAGES MATÉRIELS DE L'ANNEXION DES PROVINCES DU NORD

18 août 1862.

Je vais démontrer les avantages réciproques qui résulteraient pour la France et pour les provinces du Nord, de leur réincorporation à l'Empire.

Dans les chapitres précédents j'ai développé les causes morales et politiques qui sollicitent la France vers ce but pour venger sa gloire outragée. J'ai indiqué les raisons dynastiques, les promesses du souverain, les droits personnels de S. M. Napoléon III, au trône de Hollande, ou le roi Louis, son père, a laissé des souvenirs ineffaçables de sagesse et de bonté. J'ai établi irrévocablement que la sécurité intérieure, la sécurité du territoire, la sécurité politique dépendaient de l'annexion de la Belgique, de la Hollande et des provinces rhénanes.

Je marche avec confiance parce que ces peuples sont dignes de porter et de défendre les aigles impériales. Ils ne rampent point comme des esclaves, mais ils obéissent comme des citoyens; ainsi que l'a prouvé la trêve fameuse de 1609, qui mit fin à l'effusion du sang qui coulait depuis soixante ans. Révoltées par la tyrannie de Philippe, les Provinces-Unies secouent le joug odieux du fanatisme espagnol. Une république est fondée et elle remporte les plus grands avantages. Elle s'honore aux yeux de l'Europe en forçant, par une lutte héroïque, l'Espagne à reconnaître son indépendance. Élevée au rang de nation, elle se montre digne de cette distinction. Ses armées interviennent dans tous les débats engagés sur le continent; son pavillon flotte en maître sur les mers, et domine sur tous les points du globe, dont les trésors deviennent la juste récompense du courage et de l'industrie de ses habitants!

Tels sont les peuples qu'il s'agit de réunir à la France. Esquissons à grands traits les principaux bienfaits qui résulteront de l'annexion dans ses rapports commerciaux, industriels et agricoles avec l'Empire.

I

COMMERCE

Le commerce maritime de la France est dominé par celui de l'Angleterre, qui lui fait une concurrence désastreuse, jusque sur les plages les plus lointaines.

La Hollande et les Flandres offrent à l'Empire les premiers armateurs du monde, pour le transport, l'échange et l'exportation de ses produits. Les Provinces-Unies, qui, au xviie siècle étaient capables du rôle le plus brillant, avaient alors l'empire des mers et le monopole le plus fructueux pour leurs intérêts, celui de servir d'intermédiaires aux autres peuples, pour leurs transactions commerciales.

En 1612, c'est la Hollande qui a fondé la grande compagnie des Indes, qui, aujourd'hui, sous l'étendard britannique, gouverne plus de soixante millions de colons.

En 1720, c'est la Belgique qui a créé, sous le patronage

de l'Empereur d'Autriche, la célèbre compagnie d'Ostende, qui devint si puissante, que les nations étrangères exigèrent son abolition par les traités de Séville et de Vienne, en 1729 et 1731.

Comme toutes les nations livrées à l'industrie et au négoce, ces provinces éprouvent le besoin et la noble ambition des grandes possessions territoriales; secondées par les armées françaises, elles se chargeront d'ouvrir à l'Empire toutes les sources des richesses du globe.

Leur exportation, malgré leurs droits prohibitifs qui la grèvent chez les autres peuples, a trouvé moyen de lutter avec avantage sur tous les marchés exotiques.

Les canaux et les chemins de fer qui les sillonnent à l'infini, sont les messagers du progrès qui font circuler la prospérité dans toute leur étendue et donnent une activité prodigieuse aux merveilles de leur industrie.

II

INDUSTRIE

La richesse minérale de l'Empire ne satisfait point aux exigences de son industrie.

Les houillières du département du Nord, les bassins du Rhône et de la Loire ne fournissent pas le tiers de la consommation de la France.

Les mines de fer tendre des Ardennes, de l'Est et des Pyrénées laisseraient chômer les établissements métallurgiques, pendant huit mois de chaque année, si le minerai Belge, Allemand, Espagnol et même Anglais ne venait les approvisionner.

Les filons de galène de l'Auvergne n'ont qu'une puissance limitée.

Le Lyonnais, la Bretagne, le Comté de Foix, le Limousin possèdent quelques mines de cuivre, d'étain et de plomb, dont les veines ne sont pas lucrativement exploitables.

La calamine, la blende et le fer fort manquent à la France, dans des conditions avantageuses.

Les provinces du Nord apporteraient à l'Empire des mines de houille inépuisables, dont les bassins de Mons, de Charleroy et de Marimont, seuls, sont capables de soutenir la concurrence avec l'Angleterre.

Le fer est répandu en couches épaisses, dans les provinces de Namur, de Liége, de Luxembourg. Le fer fort de première qualité s'y déroule en filons opulents, qui promettent des approvisionnements séculaires aux établissements nombreux, qui animent, de leurs feux ardents, le triangle compris entre Charleroy, Liége et Luxembourg.

Les gisements de galène et de blende des arrondissements de Namur, de Philippeville, de Huy et d'Arlon offrent de brillantes exploitations.

Enfin la Vieille et la Nouvelle Montagne, dans les Provinces Rhénanes, renferment de la calamine d'une pureté exceptionnelle, dont l'extraction est aussi facile qu'intarissable.

Est-il besoin de parler des verreries de Sainte-Marie d'Oignies, des manufactures d'armes et fonderies de canon de Liége, des dentelles de Bruxelles, des toiles de Gand, des draps de Verviers, des porcelaines de Tournay, des coutelleries de Namur, des aciers de Couillet, des fromages de Hollande et de tant d'autres conquêtes de l'industrie qui ont acquis une célébrité européenne.

Ces trésors, la réunion les apporterait à la France, pour satisfaire aux besoins de sa consommation et l'exonérer du tribut énorme qu'elle paie chaque année à l'étranger.

Quant aux provinces du Nord, elles y gagneraient l'ouverture d'un marché de quarante-cinq millions d'habitants.

III

AGRICULTURE

La grande question des subsistances a dit, ces dernières années, dans les termes les plus énergiques, ce qui manque à la France, relativement à son étendue, à sa population, à ses besoins. Le peuple a tourné vers le gouvernement ses mains suppliantes. Il a fait entendre les voix faméliques de ses travailleurs indigents ; et, en présence de l'inanité des sacrifices de l'État contre la disette, il a demandé aux incertitudes de la conspiration un soulagement à ses souffrances !

L'insuffisance de la production pour les besoins de la consommation entretient une inquiétude et une fermentation latentes, que la populace aveugle traduit bientôt en tentatives séditieuses. Quand on veut produire une secousse, les accapareurs livrent les denrées alimentaires à l'exportation. La production étant insuffisante pour combler les vides causés par les achats, les prix montent; la disette arrive; la révolte éclate!

Et cependant la France ne manque ni d'un sol fertile, ni d'étendue agraire, ni de conditions favorables à la culture. Ce qui lui manque, ce sont les bras et le goût de l'agriculture, de cette science créatrice qui donne à l'homme courageux la véritable royauté de la terre. Ce qui lui manque, ce sont les travailleurs pour fertiliser trois cent soixante mille hectares de propriétés négatives en Sologne; cinq cent mille hectares de sables dans les Landes; l'étendue blanche, brûlante et sans limites de la Champagne; les bruyères infécondes de la Bretagne; les montagnes arides de l'Auvergne et tant d'autres terres que l'incurie seule des propriétaires semble condamner à une stérilité éternelle.

Les Flamands les fertiliseront par leur travail persévérant et cette intelligence laborieuse qui caractérisent l'habitant du Nord.

Voyez les merveilles réalisées chez eux :

Les Polders, aussi humides que la Sologne, les sables de la Campine, plus arides que les landes, les terrains crayeux du Hainaut, aussi secs que ceux de la Champagne, les montagnes de Namur, plus abruptes que celles de l'Auvergne, les schistes des Ardennes, plus nus que les bruyères de Bretagne, se couvrent maintenant, à chaque automne, de moissons dorées, dont le rendement annuel rapporte à leurs vigilants possesseurs la valeur que leurs pères ont payée jadis, pour solder le prix de la terre elle-même.

Partout des sucreries, des distilleries, des brasseries, des filatures, une végétation luxuriante, des chevaux vigoureux et superbes, un bétail d'un embonpoint splendide !

Pour donner une idée de la richesse du pays, il suffira de rappeler qu'en 1853, la statistique officielle a établi que les produits de l'agriculture seule, exportés de Belgique, avaient acquitté au Trésor français, pour cette année, des droits d'entrée pour la somme énorme de soixante-trois millions de francs... l'éloquence des faits est irrésistible !

La Belgique contient 4,700,000 habitants dans un trapèze de 50 lieues de longueur sur 25 de largeur. La Hollande et les Provinces Rhénanes, dans des polygones plus restreints encore, renferment 4,900,000 habitants. On y trouverait facilement un million de bras agricoles, prêts à venir féconder les propriétés négatives de la France, et à l'affranchir des intrigues d'une spéculation turbulente.

La Belgique, la Hollande et les Provinces Rhénanes, exonérées d'un triple état-major de hauts dignitaires, participeraient aux grandes entreprises de l'Empire, dont elles féconderaient le génie agricole, industriel et commercial par leur sage activité et leur intelligente opulence.

Ces considérations appellent le grand événement qui fait l'objet de nos vœux, de nos espérances et de nos efforts.

La prospérité nouvelle de ces provinces, leur voisinage et leur commerce avec la France, les prédestinent à rentrer sous ses lois. L'identité de leurs institutions et de leurs mœurs saura les préserver des regrets et des secousses qui accompagnent les changements de gouvernement.

Isolées, elles ne peuvent sortir de la condition anormale qui les laisse végéter dans une étroite dépendance.

La Hollande, réduite aux proportions les plus exiguës, a perdu sa supériorité maritime et le monopole hardi de la commission commerciale. Elle est condamnée à servir quelque puissant allié. La petitesse de son territoire n'éveille plus l'ambition conquérante de ses voisins, à laquelle elle pourrait encore élever de grands obstacles, en déchaînant les flots de l'Océan, qu'elle tient miraculeusement suspendus, au-dessus de ses gras pâturages. Mais, si derrière cette barrière, la Hollande conserve quelque sécurité nationale, le phénomène de sa grandeur n'existera plus désormais que dans l'histoire.

En 1830, la Belgique se soulève pour se réunir à la France. Le congrès national offre la couronne au roi Louis-Philippe, puis à l'un de ses fils. Le monarque français, tremblant en face de l'Angleterre, oppose des arguments dilatoires à l'élan du peuple Belge. Le congrès, ne comprenant pas la cause de ce refus étrange, envoie à Paris une députation réclamer la domination française... mais elle n'en rapporta que la preuve de la pusillanimité du gouvernement de Juillet ! ! ! La Belgique, reconnue indépendante, se trouve par le fait dans l'impuissance d'agir. Ses moindres mouvements sont paralysés d'avance par ses voisins, qui rançonnent ses produits aux plus dures conditions. Ses trop nombreux enfants, nourris à vil prix, dans la contrée la plus riche de l'Europe, y manquent de ressources et de travail.

Les Provinces Rhénanes ne connaissent la Prusse que par l'avidité d'un gouvernement éloigné, qui écrase de charges et de contributions les transactions de ses habitants. Leur position géographique et leurs intérêts les rendent tributaires de la Belgique et de la Hollande, sans lesquelles elles seraient réduites à une inertie fatale.

Au traité de 1815, si la France eût occupé la place qui lui appartient, l'incorporation des provinces du Nord eût été définitive et fût devenue la légitime compensation du partage de la Pologne et des États secondaires que la Russie, la Prusse, l'Autriche et l'Angleterre se sont adjugés par le droit léonin.

Les provinces du Nord attendront-elles que la Russie saisisse les riches dépouilles de l'empire Ottoman pour redevenir françaises? Cette éventualité problématique ne donne que des espérances aléatoires à leur prospérité...

D'ailleurs, le partage de la Pologne entre les trois puissances du Nord ;

Le recouvrement de la Finlande, la conquête de la Crimée, du Caucase, de la Géorgie, de l'embouchure du Phase, du Bosphore, etc., par la Russie;

Celle de la Vénétie, d'une partie de la Dalmatie et de la Bavière par l'Autriche;

Celle du Duché ou Palatinat de Posen, d'une partie de la Saxe, des principaux cercles du Rhin, dont le poste avancé sur le territoire de la France n'est qu'à dix jours de marche de sa capitale, par la Prusse;

Celle de la Trinité, de Ceylan, de Malte, de l'empire indien des Mahrattes et des Mysores par l'Angleterre;

Donnent le droit à la France de reprendre un équivalent en Europe. L'intérêt de sa propre conservation l'exige; car la Belgique est une tête de pont, dont il importe à la France de s'assurer contre la coalition sans cesse imminente des cours du Nord;

Le droit politique l'y autorise. Dumouriez a conquis la Belgique en 1792. Pichegru s'est emparé de la Hollande en 1795. Le traité de Campo-Formio en 1796 a ratifié cette annexion. Si plus tard le honteux traité de 1815 l'a invalidée, François Ier, le monarque le plus chevaleresque du monde, nous donne le secret de la nullité de cette indécente spoliation.

Prisonnier de Charles-Quint, à Madrid, en 1526, François signa toutes les conditions imposées à sa liberté. Rentré à Paris, il repoussa, ouvertement par les armes, toutes les stipulations attentatoires à l'intégrité du territoire de son royaume ; en disant qu'un traité n'est obligatoire que lorsque les parties contractantes agissent dans la plénitude de leur liberté. Si l'une est captive de l'autre, il n'y a plus de contrat possible ; il n'y a plus que la part du lion.

Les exactions des agents français furent les seules causes des résistances qui surgirent après l'occupation de 1796. Les peuples gémissaient alors sous une tyrannie d'autant plus insupportable qu'elle ne savait rien respecter, faute d'intelligence, et qu'elle froissait les sentiments aussi bien que les intérêts des opprimés.

Si les Pays-Bas avaient été traités avec modération, leur annexion eût été irrévocable. Elle répondait aux vœux des populations. Aujourd'hui elles l'appellent encore, comme un principe de prospérité, de gloire et de bonheur! Elles ont brisé le joug prévaricateur de la république ; mais elles sont prêtes à acclamer la domination équitable de l'Empire!

V

UNIFICATION DE L'ITALIE

CHAPITRE V

UNIFICATION DE L'ITALIE

25 septembre 1862.

L'horizon politique présente aujourd'hui un spectacle singulier. L'arène diplomatique nous offre, dans un espace de temps relativement très-court, la comédie des contrastes les plus bizarres, les plus absurdes, les plus dommageables à la sécurité et à la prospérité des peuples.

Deux partis également puissants sont en présence. L'un a adopté une politique grande, large, énergique, décisive, comme celle de Henri IV, Louis XIV, Napoléon Ier. Nos amis ont l'honneur d'appartenir à ce parti.

L'autre manœuvre, avec ce genre d'artifices qu'on appelait autrefois la politique punique, puis la politique de Machiavel, puis la politique britannique. Trois moyens également odieux aux honnêtes gens de tous les partis.

Nous éprouvons des regrets inexprimables que M. de la Guéronnière semble incliner vers cette déplorable école. Nous sommes révoltés qu'il ait osé mettre à jour le projet de division de l'Italie en trois États indépendants; projet que nous avions stigmatisé, dans notre article du 22 décembre 1861, en prouvant que c'était un soufflet outrageant à la politique impériale.

Le souverain français a dit dans des œuvres remarquables. « Qu'asseoir la paix, ce n'est pas maintenir, pendant
» quelques années, une tranquillité factice; c'est travailler
» à faire disparaître les haines entre les nations, en favori-
» sant les intérêts et les tendances de chaque peuple ; c'est
» créer un équilibre équitable parmi les grandes puissan-
» ces... Pour consolider une paix durable, il faut consulter
» les rapports et les mœurs des diverses nations entre elles
» et *leur donner leurs nationalités* et les institutions qu'elles
» réclament... » (OEuvres complètes de S. M. Napoléon III.)

Nous demandons aujourd'hui l'application de ces principes magnifiques, qui ont porté sur le trône le prince qui les professait.

Dans un moment où M. de la Guéronnière lance l'expression d'une pensée, qui, longtemps a légitimement mérité de s'inspirer à la source la plus officielle, il est utile d'apprécier les élucubrations inattendues de l'honorable sénateur.

Je ne le suivrai pas dans les digressions de ses théories nouvelles ; mais je prouverai : 1° que le pouvoir temporel du chef de l'Église catholique n'intéresse en rien la religion, son influence, sa perpétuité ; 2° que la formation d'un état unitaire et l'indépendance italienne n'attaquent ni le culte, ni la tiare, ni la divinité.

Je dirai la gravité de l'opinion publique, qui attribue à un sentiment d'égoïsme, la tolérance du gouvernement impérial pour le parti ultramontain.

Cette triple démonstration fera bonne justice de la politique de M. de la Guéronnière.

I

Le grand concile s'est assemblé. Sa Sainteté le pape Pie IX, leurs éminences les cardinaux, nos seigneurs les évêques se sont réunis à Rome et ont dit le dernier mot sur la nécessité de maintenir le pouvoir temporel.

Le compte rendu de cette grande solennité révèle deux faits importants :

« Le premier point qu'il importe de constater, dit-il,
» c'est que, ni dans l'allocution pontificale, ni dans la dé-
» claration solennelle de l'épiscopat, pas une voix ne s'est
» élevée pour invoquer l'autorité de Jésus-Christ, ou de ses
» apôtres, ou des évêques catholiques des premiers siècles
» de l'Église, en faveur du pouvoir temporel. Aucun des
» savants et des auteurs les plus illustres, qui sont le plus
» versés dans la science des écritures, n'a pu invoquer un
» texte tiré des évangiles, des actes des apôtres, des épî-
» tres, de l'ancien Testament, ou des prophètes, pour ap-
» puyer par des inductions, plus ou moins éloignées, la
» nécessité d'un pouvoir terrestre et humain, en tant que

» nécessaire à la propagation et à l'autorité de la parole
» évangélique.

» Il faut donc tirer de ce silence la conséquence irréfu-
» table, que, du côté de l'Évangile et des écrits canoniques,
» ils se trouvent dans l'impossibilité absolue de découvrir
» aucun fondement à leurs prétentions. Cette première con-
» séquence est sans réplique.

» Le second point qu'il importe de constater, c'est que
» la majorité du monde catholique, en tête duquel on peut
» citer, en Italie, le savant théologien Passaglia, et beau-
» coup d'autres prêtres, dévoués à la cause du Pape, consi-
» déré comme vicaire de Jésus–Christ, et le parti clérico-
» libéral entier, si nombreux en Italie, présidé par monsei-
» gneur Caputo, évêque d'Ariane, opposent énergiquement
» aux défenseurs des doctrines ultramontaines, des textes
» sacrés de l'Évangile et des documents authentiques, ti-
» rés des écrivains les plus autorisés de l'Église, et notam-
» ment de Tertullien et de saint Bernard, pour établir, au-
» jourd'hui, la condamnation du pouvoir temporel, dans
» les mains du successeur de celui qui, étant né de parents
» pauvres, avait vécu pauvre, était mort pauvre, et avait
» refusé la royauté !... »

Il ne s'agit point ici d'une opposition systématique et
déloyale, faite au chef vénérable de l'Église catholique, qui,
comme chef spirituel, doit exister autant que l'Évangile,
c'est-à-dire éternellement. Il s'agit d'une question de bonne

foi, qu'il faut examiner et résoudre irrévocablement de bonne foi. Il s'agit d'examiner la solution du pape Léon XII et du cardinal Bernetti, son premier ministre, qui déjà sous leur règne, avaient compris la nécessité d'abandonner les embarras du pouvoir temporel.

La lutte qui se prépare menace le monde catholique des désolations du schisme et de l'hérésie ; et, en présence du conflit des opinions, il est impossible d'oublier la catastrophe qui sépara de Rome le patriarche de Constantinople.

L'Église d'Orient, qui avait bravé le fer des bourreaux, la flamme des bûchers, et toute la férocité de ses persécuteurs, après s'être immortalisée par les gloires d'un million de martyrs, succomba sous le poison subtil de l'hérésie. Elle opprima la pensée, violenta les consciences, souffla la discorde parmi les chrétiens, outragea l'inflexibilité de la tiare, et prépara le triomphe de ses ennemis.

Suivant la théorie des ultramontains, ceux qui pensent que le catholicisme est indépendant de la possession d'un coin de terre, sont des impies !...

C'est singulièrement méconnaître l'histoire du pouvoir temporel. C'est oublier que les donations de souveraineté, faites aux papes, par Pépin, par Charlemagne, par Louis-le-Débonnaire, se réduisaient à des chartes pompeuses, que ces princes n'ont pas exécutées. Ils ont enrichi le saint-siége par des largesses plus profitables : ils lui ont donné le domaine utile d'une partie de l'exarchat et de la pentapole, c'est-à-dire, les fruits et les rentes de la terre ; tandis que la souveraineté de ces provinces était réservée à la République romaine, au patrice et à l'empereur d'Occident. Le grand nombre des vassaux attachés à ce domaine, rendit le pape le plus puissant seigneur de Rome, comme depuis longtemps il en était le premier citoyen.

Mais il suffit qu'une dignité procure le pouvoir et les richesses pour qu'elle devienne aussitôt le but et par conséquent la proie des ambitieux. C'est ce qui arriva à Rome. On vit prétendre à la chaire de saint Pierre des hommes bien différents de ces religieux austères qui l'avaient occupée jusqu'alors, et désormais l'Église eut souvent à déplorer les erreurs de ses chefs.

En 1277, les cardinaux donnèrent pour chef à l'Église Nicolas III, de la famille des Orsini, une des premières de Rome. Dès son avènement, le pontife sut profiter habilement de la rivalité qui existait entre Rodolphe, empereur d'Allemagne, et le roi Charles d'Anjou, pour étendre la puissance du saint-siége. Il détermina le premier à se désister de toutes ses prétentions sur le patrimoine de saint Pierre et sur la Romagne, et força le second à renoncer aux dignités de sénateur et de vicaire impérial en Toscane. Il publia à cette occasion un décret, en 1278, qui excluait les étrangers du gouvernement temporel de Rome et des États de l'Église.

Par la concession de Rodolphe, l'État de l'Église acquit à

peu près l'étendue qu'il a aujourd'hui ; mais il s'en fallait de beaucoup que les papes y eussent alors l'autorité qu'ils ont maintenant. Dans les provinces relevant du saint-siége, il y avait des républiques, comme Bologne, Pérouse, Ancône, des principautés, comme Montefeltro et Bertiunoro, qui croyaient n'avoir rien perdu de leur indépendance, en passant sous la domination pontificale.

Ce ne fut guère que deux siècles après que les papes revendiquèrent et obtinrent une véritable souveraineté sur ces contrées.

Plus tard, pour se soustraire aux luttes des partis, pendant soixante années, les papes, avec leur cour, vinrent s'établir à Avignon. Ils s'y installèrent comme s'ils n'eussent jamais dû quitter cette ville, dont ils avaient acheté la souveraineté à Jeanne de Naples, comtesse de Provence. Ils aimaient ce séjour, où leur tranquillité n'était troublée ni par les révoltes du peuple, ni par la turbulence des factions.

Ces quelques lignes suffisent pour démontrer, dans l'éclat de l'évidence, que les deux puissances spirituelle et temporelle du souverain pontife sont essentiellement distinctes.

Il ne s'agit de dérober au saint-siége ni trésors ni propriétés. On veut, au contraire, lui assurer la jouissance de ses palais, de ses domaines, de ses richesses, et lui garantir la libre action de la morale sublime du catholicisme, en le -débarrassant des préoccupations d'une politique étroite et en le mettant à l'abri de toute convoitise diplomatique.

On n'enlève rien à son prestige que le vain nom d'un pouvoir caduc et onéreux, auquel il manque la première et la principale condition d'existence, la force constitutive et inhérente à toute autorité. Il n'a pas d'armée indigène; ses lois s'y opposent. Le principe de sa puissance temporelle, vis-à-vis de l'Europe, est donc pour lui une cause absolue de dépendance, puisqu'il est à la merci des stipendiés qu'il recrute hors de ses frontières. Ce pouvoir est si peu une réalité, qu'il n'a pu procurer à l'Église romaine les franchises spirituelles qu'elle sollicite vainement depuis trois siècles et que l'indépendance italienne veut lui garantir.

Le christianisme a brillé au sein des académies de l'antiquité. Ce fut par ses ouvrages qu'il vainquit les sophismes dans les écoles d'Alexandrie, d'Antioche et d'Athènes. Il a dû ses victoires autant à la plume de ses docteurs qu'à la palme de ses martyrs. Obéissant à l'ordre du maître, *Docete omnes gentes*, la religion, qui a fondé presque tous les colléges, les universités et les bibliothèques de l'Europe, appelle naturellement la liberté tutélaire qui a favorisé son ouvrage... La religion qui accueille les savants fugitifs, qui achète au poids de l'or les manuscrits des anciens, repousse évidemment la proscription de la pensée.

Le christianisme ne cherche point l'obscurité. Il n'a pas besoin de pactiser avec l'ignorance. Craindre pour lui la liberté de la presse ou la liberté des cultes, c'est n'avoir aucune idée de sa grandeur, c'est méconnaître sa divine puissance. Il a civilisé la terre. Il a détruit l'esclavage. Il ne prétend point faire rétrograder la société. Il ne tombe point dans une contradiction si déplorable. Notre religion a été fondée et défendue par le libre exercice de la pensée et de la parole. Elle est la raison universelle. Elle a grandi au milieu des persécutions. Elle s'est accrue avec les lumières. Elle est la base du progrès. Lorsque Dieu allume dans l'âme de ses serviteurs la flamme invisible du génie, ils produisent les plus belles œuvres de l'humanité.

Le pouvoir temporel, en s'opposant à l'unité et à l'indépendance de l'Italie, comprime toutes les libertés sociales. Au mépris des principes du catholicisme, il engage une lutte douloureuse entre la majorité de la société catholique et le saint-siége... J'ai l'espoir que Dieu fera retomber sur ceux qui l'ont encourue, la responsabilité de cette lutte fatale !

Mais puisque le pouvoir politiquement temporel n'est point de création divine ; puisque la majorité catholique et orthodoxe en fait bon marché ; puisqu'il est un danger pour la religion dont il expose le siége aux convoitises européennes ; puisqu'il est le seul obstacle à la liberté et à l'indépendance de l'Italie, auxquelles il voudrait opposer vainement la sainteté de la religion, la majesté des pontifes et la puissance de Dieu ;

Donc, son abolition ne peut intéresser en rien la religion, son influence, sa perpétuité.

II

Je vais démontrer maintenant que la liberté et l'indépendance de l'Italie, en demandant le sacrifice du pouvoir temporel, n'attaquent ni le culte, ni la tiare, ni la divinité.

Depuis Constantin, Rome et l'Italie ont combattu sans relâche pour l'unité et l'indépendance.

En parcourant les quinze siècles qui nous séparent de ce grand événement historique, je ne rencontre pas un fait, pas un acte, posé contre les principes essentiels du christianisme.

Les pratiques extérieures seules sont attaquées.

En 312, une révolution complète suivit la victoire de Constantin. Deux cultes et deux mondes s'étaient rencontrés au pont Milvius. Deux religions s'étaient trouvées les armes à la main, aux bords du Tibre, à la vue du Capitole.

Les anciens dieux de l'Empire voyaient, autour de leurs

autels, les légions qu'ils avaient jadis envoyées à la conquête de l'univers. En face d'elles étaient les soldats du Christ... Dieu tonne du haut du ciel... Constantin frappe... Maxence est précipité dans le Tibre. Le vainqueur entre dans la cité, reine du monde. Les ennemis des chrétiens se dispersent. L'aigle guerrière de Romulus est décorée de la croix pacifique. Sur la tombe des martyrs, Constantin reçoit la couronne d'Auguste ; et, sur la même tombe, il proclame la religion chrétienne, la religion de l'Empire !

Mais le vieil Empire suivait la pente d'une décadence constante, irrésistible, universelle ; et le premier spectacle que nous offre le moyen âge est celui de l'Empire romain se débattant contre les barbares. En le combattant, les soldats d'Ataulphe, de Théodoric, d'Euric, de Clovis, l'admiraient, le respectaient, l'enviaient... A peine l'ont-ils détruit, qu'épouvantés de cette ruine immense, chacun de leurs chefs aspire à le reproduire.

Vains efforts ! la barbarie s'étend et se renouvelle sans cesse ; mais l'empire romain est encore présent à toutes les imaginations ; et c'est entre la barbarie et la civilisation romaine qu'est posée la question dans tous les esprits élevés.

Elle se posait encore ainsi quand arriva Charlemagne. Lui aussi, lui surtout, rêva l'espoir de la résoudre, comme avaient voulu la résoudre tous les grands barbares avant

lui ; c'est-à-dire, en reconstituant l'Empire. Ce que Dioclé-
tien, Constantin, Julien, avaient tenté de soutenir, avec les
vieux débris des légions; Charlemagne l'entreprit, avec des
Francs, des Goths et des Lombards. Il occupait le même
territoire. Il se proposa le même dessein. L'ambition de sa
pensée le portait, avec toute l'énergie de sa puissance, vers
la civilisation, l'unité et l'indépendance romaines. Au dehors, et presque toujours sur les mêmes frontières, il sou-
tint la lutte. Au dedans, il rendit à l'Empire son nom ; il
ramena l'unité de son administration, il replaça sur sa tête
la couronne impériale.

Le succès de Charlemagne marque la limite à laquelle est
enfin consommée la dissolution de l'ancien monde romain
et barbare et où commence vraiment la formation de l'Europe moderne, du nouveau monde. C'est sous son règne et,
pour ainsi dire, sous sa main, que s'est opérée la secousse
par laquelle la société européenne est sortie des voies de
la destruction pour entrer dans celles de la création.

Mais l'œuvre de Charlemagne a péri avec lui.

Sous Crescentius, consul de Rome, sous Ardouïn, mar-
quis d'Yvrée, sous Conrad, duc de Franconie, l'Italie, en
996, 1002, 1014, 1024, est sans cesse effervescente,
comme ses volcans, pour reconquérir l'unité et l'indépendance.

Si les projets de Crescentius, comme plus tard ceux de
Rienzi, 1347, se fussent réalisés ; si le pape Jean XVI se

fût maintenu sur le trône pontifical, le sort de l'Europe était changé... L'Italie, recouvrant son indépendance, maintenait l'équilibre entre les deux empires. Augmentant ses relations avec les Grecs, elle recevait d'eux des lumières et une civilisation plus prompte, et leur communiquait en retour un courage et des vertus qui eussent empêché la chute de l'empire d'Orient.

Mais l'heure marquée par la Providence, n'était point arrivée. En l'attendant nous voyons des crises continuelles bouleverser et morceler ces riches contrées, au profit de l'Allemagne et de l'Autriche. Pendant des siècles, nous entendons ces peuples pousser, dans les fers, de stériles aspirations vers l'unité et l'indépendance.

. En 1848, l'Italie entre dans une voie nouvelle. La pensée d'unité italienne amène des réformes, mais les victoires du libéralisme sont souillées par les excès de la démagogie. Le signal part de la Suisse et de la France. En un instant l'insurrection embrase toute l'Italie. Les provinces Lombardo-Vénitiennes secouent le joug autrichien. D'un soulèvement général devait sortir l'unité italienne. Le roi de Sardaigne, Charles-Albert, se prononce et prend l'initiative du mouvement national. Mais, dès les premiers pas, il se heurte contre le refus de participation du Pape et contre les jalousies du parti républicain. Les défaites successives de Gaëto, de Custoza, de Mortara et Novare brisent ce rêve glorieux. Radetzki, plus favorisé par Mazzini, Garibaldi
,

Manin, que par la valeur de ses armées, rentre en vainqueur dans le royaume Lombardo-Vénitien.

Les républiques improvisées à Rome, à Florence, à Livourne, à Venise, s'éteignent une à une sous leur propre impopularité ou sous les coups de l'Autriche et de la France...

Le roi Charles-Albert avait abdiqué après la défaite de Novare, en 1849. Le roi, Victor-Emmanuel, son fils, lui succède et rétablit, dans le royaume Piémontais, l'ordre troublé par les tentatives des républicains. De concert avec Garibaldi, il reprend l'œuvre de son père et prépare l'indépendance italienne. Mais la France, après avoir secondé ses généreux efforts, recule devant les manœuvres intrigantes et jalouses des puissances du Nord, et tient en suspens une question chargée des nuages les plus sombres.

Deux principes opposés, qui compromettent les intérêts moraux et matériels, après avoir inutilement soumis leurs rivalités brûlantes et séculaires à toutes les cours de l'Europe, se sont donné rendez-vous à Rome, au pied du Vatican, pour décider, dans une rencontre solennelle et définitive, du sort de l'Italie.

Si les arbitres qu'ils ont choisis, ne se sentent point l'énergie d'imposer l'unification et l'indépendance, la lutte sera terrible et le vaincu subira les vengeances du vainqueur. Il y a eu du sang versé entre les parties, le différent

ne peut finir que par l'asservissement complet du libéralisme ou par la proclamation de l'indépendance.

Telle est la question. L'armée impériale est à Rome, sé-
parant les parties par ses légions frémissantes, que leur
chef contient difficilement au milieu des populations indi-
gnées!

Ce coup-d'œil sur l'Italie, depuis l'arrivée de saint Pierre
à Rome, jusqu'à nos jours, prouve que, sans le pouvoir
temporel et pendant que la Péninsule combat pour l'indépendance et l'unité, le christianisme, planant au-dessus
des peuples, a poursuivi sa mission sainte, toujours rayon-
nant, vainqueur et conquérant, soit que le siége de ses
pontifes fût à Jérusalem, à Rome, à Avignon, dans le fond
d'un cachot, dans le secret des catacombes, dans les dou-
leurs de l'exil, ensanglanté par les martyrs, ou brillant
sous les lambris dorés du Vatican.

Donc la liberté et l'indépendance de l'Italie ne peuvent
atteindre ni le culte, ni la tiare, ni la divinité!...

Ces arguments irréfutables font de la politique actuelle
de la France un problème insoluble, qui nous rappelle la
vérité de ces paroles mémorables d'un homme éminent :
« Le gouvernement de juillet est tombé parce que, bra-
» vant la volonté nationale, il a laissé assommer des peu-
» ples assez sots pour avoir pris au sérieux les déclarations
» de non-intervention ; pour avoir refusé la Belgique, mal-
» gré la nation ; pour avoir laissé égorger les Polonais,

» malgré la nation ; pour avoir permis à l'Autriche de bou-
» leverser et d'enchainer l'Italie, malgré la nation ; pour
» s'être fait le très-humble et trop crédule serviteur de
» l'Angleterre, malgré la nation ; enfin, il est tombé, pour
» avoir gagné, au mépris de la nation, chapeau bas, à
» force d'obéir et de reculer, sa légitimité auprès des
» cours légitimes de l'Europe!... »

Ces lignes ne contiennent-elles pas un enseignement sé-
vère pour nous?

L'opinion publique attribue à un intérêt particulier les
maux et les souffrances qui résultent d'une temporisation
inexplicable. Le moment est venu de dire un mot des bruits
qui circulent comme les avant-coureurs d'une commotion.

On affirme que S. M. l'Empereur a demandé les honneurs
du sacre par le pouvoir pontifical, et que des espérances
illusoires, déterminant dans son esprit une ambition nouvelle, ont fait faire volte-face à sa politique. Ces bruits im-
pressionnent les masses comme un pronostic néfaste...

Mais le pouvoir est trop éclairé pour suivre de pareilles
erreurs. Il sait que la réunion au Nord, l'unité et l'indépendance au Midi sont dans tous les cœurs et sont l'objet de
tous les vœux. S'il en était autrement, l'Italie serait paci-
fiée depuis longtemps et le Nord jouirait d'une prospérité
qu'il ne connaît plus. Il sait que maintenir l'ordre de choses
actuel, c'est à la fois injustice et félonie.

C'est injustice, par le mépris des droits souverains des

peuples et par le refus des conditions légitimes de leur bonheur!

C'est félonie, par l'oubli contempteur des promesses et des serments les plus sacrés et par l'impulsion retrograde imprimée aux progrès de la civilisation!

Comment? cette civilisation moderne, que l'Empereur a engagée si vivement dans le chemin des gloires de l'avenir, quand, de la pointe de son épée, montrant en perspective l'abaissement de la Russie et de l'Autriche, il lui a crié : « Face en tête! » et, en deux bonds, a planté son drapeau victorieux à Sébastopol et à Solférino ; cette civilisation, il la renverserait aujourd'hui?...

Non, une telle contradiction ne peut être ni dans sa pensée, ni dans son génie, ni dans son cœur.

Celui qui a sacrifié au repos de l'Europe les droits vengeurs du grand captif de Sainte-Hélène, est incapable de sacrifier les droits de la prospérité publique à la vaine gloire d'une faveur, que la cour de Rome n'accordera que sous la pression des soldats français.

Le vainqueur de l'anarchie en 1849 et en 1851, n'en deviendra pas le promoteur aujourd'hui ; car son explosion, attisée par les passions qui couvent sous les cendres de la République, rallierait la majorité imposante qui l'a couronné ; et cette majorité ne trouverait plus d'espérance que dans un soulèvement général...

Cependant, il y a derrière le rideau mobile des suppositions impossibles, un mystère obscur. Et s'il faut terminer par déchirer entièrement le voile de la situation, je vais en dire la douloureuse mais inévitable réalité : c'est la pensée actuelle du libéralisme Italien...

La politique de temporisation et de résistance, dans un but insaisissable, amoncelle de noires calomnies, des nuages menaçants sur les deux têtes les plus élevées de la société; et elle semble n'assigner de solution à la révolution, de terme aux souffrances des peuples, qu'en les forçant à décocher la foudre sur ces sommités sociales.....

Voilà la pensée actuelle du libéralisme Italien...

Si, cependant, l'entraînement national, dans l'aveuglement de la passion, osait tenter cette solution impie et coupable; s'il osait renverser le trône et l'autel; et il le tentera au cri de ralliement : « Rome ou la mort! » Quel sentiment l'Italie éprouvera-t-elle, dans l'avenir, contre ceux qui l'ont forcée à se souiller d'un crime inutile pour assurer le bonheur et la gloire de ses destinées?...

Mais, puisque l'abolition du pouvoir temporel n'intéresse en rien la religion, son influence, sa perpétuité; puisque l'unité et l'indépendance italiennes ne peuvent atteindre ni le culte, ni la tiare, ni la divinité; puisque la volonté nationale réclame impérieusement l'unification et la liberté de la Péninsule; quel obstacle reste-t-il donc à l'accomplissement de ce grand événement?

VI

RECONSTITUTION DE LA POLOGNE

CHAPITRE VI

6 avril 1863.

Chaque fois que Dieu décide un événement favorable à nos espérances, mes amis me demandent de traduire encore les battements de nos cœurs et les aspirations de nos âmes, pour la prospérité et la gloire de l'Empire.

La Pologne s'est réveillée dans ses fers, elle a poussé vers le ciel un cri de liberté, qui a retenti jusqu'aux extrémités de l'Europe. A son appel, les soldats de la civilisation se sont levés pleins d'espérance!

Un noble esclave a brisé ses chaînes. Il s'est révolté sous

le fouet sanglant de ses oppresseurs. L'héroïque Pologne est en armes pour reconquérir sa liberté. Sa reconstitution est un devoir politique et social.

C'est un devoir politique, parce que l'autonomie de la Pologne a ses mœurs, sa langue, ses aptitudes, sa gloire, ses traditions séculaires, et parce que l'intérêt de l'équilibre européen l'impose à la sécurité et à l'indépendance de l'Occident.

C'est un devoir social, parce que le droit naturel défend les violences, le vol, le brigandage et l'assassinat, et parce que la civilisation, la justice et l'humanité en commandent la répression.

La Pologne est digne des sympathies du monde. L'histoire de dix siècles glorieux atteste sa force, sa vitalité, sa grandeur, son héroïsme. Les vertus de l'opprimé, dans l'esclavage et sous le knout moscovite, crient vengeance jusqu'au plus haut des cieux?

Je viens démontrer :

1° Que la situation actuelle de cette courageuse nation est l'ouvrage de la Russie, de la Prusse et de l'Autriche.

2° Que la liberté et l'indépendance de l'Occident ne seront solidement établies qu'après la reconstitution de la Pologne.

3° Que la prépondérance de la France ne sera une redoutable réalité que le jour où cette barrière sera relevée par sa politique, son intérêt et sa reconnaissance.

Un des obstacles les plus sérieux à la prépondérance française en Europe, c'est la puissance envahissante de la Russie. Son alliance, cimentée par une communauté de principes et d'intérêts, avec la Prusse et l'Autriche, maintient ces trois puissances dans un état permanent de rivalité hostile et dominatrice envers l'Occident. La seule barrière efficace qu'on puisse opposer à la coalition des cours du Nord, c'est la Pologne, libre et indépendante. Cette barrière relevée, la France est maîtresse du continent.

C'est un des jalons *du plan général*, dont la promesse de réalisation a donné tant d'espérances à la proclamation de l'Empire.

A la France donc incombe la mission d'aider les efforts de la Pologne vers la liberté. Au-dessus de toutes les considérations de l'ordre le plus élevé qui la sollicitent vers cette grande action, le sang versé sur les champs de bataille de l'Europe, depuis les rochers de Torrès-Védras, jusqu'aux solitudes de Borodino, appelle la reconnaissance qui impose à l'Empire le devoir sacré de fournir à la Pologne un vengeur.

Cependant, si la France secourt la Pologne, elle engage inévitablement la guerre européenne.

Cette lutte formidable, quand on la considère de haut, est nécessaire à la paix du monde et aux progrès du siècle... Il s'agit d'attaquer l'ambition, traînant à sa suite les passions mauvaises, foulant aux pieds la justice et l'humanité,

7

osant, sans pudeur, marcher à la sape de la civilisation moderne.

Le moment est venu de repousser l'agresseur dans ses solitudes ingrates et de relever entre le czar et l'Europe une barrière infranchissable.

Une douloureuse expérience a appris à la France que la Prusse et l'Autriche étaient trop intéressées au triomphe de la Russie pour qu'elle pût compter sur la solidité des engagements de ces deux puissances contre la cour de Saint-Pétersbourg.

Avant de commencer la lutte, il faut que la France assure la défense et l'intégrité de son territoire, en reprenant ses frontières naturelles. J'en ai démontré l'urgence dans les cinq chapitres précédents... Il faut qu'elle décide l'autonomie Italienne dont l'alliance est nécessaire au succès de ses armes. Je viens d'en établir la valeur.

Alors, défendue au Nord et au Midi par des peuples fidèles et intrépides, sans craindre les désastres de 1814, l'armée française peut aller frapper au cœur la coalition et délivrer la Pologne?

I

La situation de ce peuple héroïque est l'ouvrage de la
Russie, de la Prusse et de l'Autriche. En effet : ces puissances avaient si bien compris la rivalité politique de la
Pologne, qu'elles en ont résolu la porte depuis deux siècles.
Dans ce royaume, jadis si florissant, leurs menées intrigantes entretiennent une anarchie sanglante, où brillent
sans doute un héroïsme admirable et un amour profond d
la gloire nationale, mais ces vertus restent stériles et couvrent la patrie de ruines amoncelées les unes sur les autres.
C'est une arène où toutes les grandeurs tombent, minées
par les factions étrangères et où toutes les vertus obtiennent
des applaudissements sans pouvoir sauver la liberté.

Le sol de la Pologne est si fécond que jusqu'au xviiie siècle,
elle approvisionnait les greniers d'une grande partie de
l'Europe. Ses mines de sel de Vielizka et de Bochnia sont
les sources d'immenses richesses et des objets de convoitise
pour ses voisins.

En 1572, pour le malheur de ce peuple, la race des Jagellons, qui avait étendu si loin ses frontières et qui lui avait apporté l'empire que les lettres et les sciences assurent aux nations, s'éteignit en la personne de Sigismond-Auguste.

Si la Pologne a touché, sous leur sceptre, l'apogée de la grandeur, elle doit ses éclatantes prospérités aux qualités éminentes des Jagellons et à l'hérédité de la couronne dans la même famille.

A partir de cette époque, une ère nouvelle va s'ouvrir. A part quelques hommes d'élite, comme Bathori et Sobieski, nous n'allons plus voir que des princes dominés par la Russie, égarés par la Prusse, entre les mains desquels le royaume marchera inévitablement vers sa ruine. L'histoire de ces jours néfastes nous offre tour à tour des scènes horribles et magnifiques, dans lesquelles les nobles céderont à un courant de sédition et de trouble, qui les saisira comme une espèce d'aliénation mentale.

Eu 1652, sous Jean Casimir, au milieu de l'invasion moscovite, des agressions de la Suède, des discordes intestines, surgit le liberum-veto, qui imposait une fatale unanimité aux votes des assemblées délibérantes. En dépit de toutes les réclamations, les influences étrangères l'ont maintenu, toujours maudit, toujours respecté. C'était un coup de massue porté au système constitutionuel.

Rhulière a trouvé dans les archives des affaires étrangères de France, que, vers cette époque, le partage de la Pologne était déjà décidé entre les trois grandes puissances.

En 1669, l'interrègne qui suivit l'abdication de Jean-Casimir ouvrit l'arène à l'ambition de nombreux compétiteurs. En première ligne se montra l'Empereur de Russie, qui demandait la couronne pour un de ses fils et appuyait sa demande par une armée de 80,000 hommes, réunis sur les frontières.

Alors parut Jean Sobieski, l'élève et l'ami du grand Condé, qui avec une poignée de soldats dévoués, de 1691 à 1696, fut le défenseur victorieux de la Pologne, de la chrétienté et de la civilisation.

Il aurait garanti l'avenir de sa patrie, dont il avait découragé les ennemis, s'il eût assuré l'hérédité de la couronne dans sa famille. Sa mort ramena l'anarchie.

A l'instigation des agents russes, en 1717, Frédéric-Auguste invoqua l'intervention de Pierre le Grand. Les confédérés de leur côté le prirent pour juge. C'était introduire parmi eux l'ennemi le plus redoutable.

Les Polonais et leur souverain perdirent toute indépendance, du moment où ils signèrent entre eux un traité sous l'inspiration d'un monarque aussi ambitieux que Pierre le Grand.

En 1733, à la mort d'Auguste, son fils se mit sous la protection de la Russie, pour dominer l'anarchie. Le cabinet de Vienne, bravant toute pudeur, se porta héritier des droits, résultats exclusifs d'un état de choses désormais anéanti, et il se déclara juge des événements qui s'accomplissaient dans la république, au nom des nobles hongrois, qu'il ne cessait d'opprimer.

Quant à la Russie, elle argua du traité de 1717, conclu par la médiation de Pierre Ier, pour soutenir qu'elle devait désormais, comme surveillante, apposer le sceau de son autorité sur toutes les actions de la diète.

En d'autres termes, c'était la force violente, qui, en attendant une occasion favorable, se cachait sous le sophisme.

Le grand Frédéric, étranger à toute espèce de scrupule, profita de la position de la Pologne pour l'exploiter comme un pays sans défense. Il faisait de force des levées dans ses provinces. Il altérait la monnaie nationale... Tout ce qu'il acheta fut payé comptant, en fausse monnaie!

La Russie, la Prusse et l'Autriche, pour cacher la trame de leurs projets, entretenaient une confusion et une anarchie épouvantables, que le grand Frédéric stigmatisait avec ironie, en disant : « *Polonia confusione regitur!* »

En 1752, le comte de Broglie, ambassadeur de la cour de Versailles, méditait déjà de relever la république pour l'opposer aux envahissements du cabinet de Saint-Pétersbourg. Ce Diplomate eut d'abord à lutter contre une foule de souvenirs fâcheux. Les Polonais n'avaient pas oublié que, trois ois, depuis un siècle, la France avait rassemblé chez eux des factions puissantes, avec d'autant plus de facilité que les intérêts des deux royaumes ont toujours été réciproques ; mais qu'après les avoir formées avec chaleur, elle les avait ensuite abandonnées avec légèreté. Et cette fois encore le comte de Broglie vit la cour de Versailles renoncer à ses sages projets.

Le 17 septembre 1764, Stanislas-Auguste Poniatowski devint roi de Pologne pour avoir été l'amant de la grande duchesse de Russie.

Catherine II se mêlait aux affaires de Pologne, de façon à l'engager de plus en plus dans une route où elle devait rencontrer un abîme sans fond.

La Pologne succomba sous le machiavélisme de la Russie, de la Prusse et de l'Autriche, et parce que la France, qui pouvait et avait mission de la sauver, n'a fait aucun effort généreux en sa faveur.

Durant l'anarchie de l'interrègne qui précéda l'élévation de Poniatowski, Radziwill défendit sa patrie avec une rare énergie. Malheureusement tous ses secrets étaient vendus à la Russie, par un abbé qui lui servait de guide et de confident !

Sans cette perfidie, Radziwill eût réussi à sauver la Pologne, parce qu'il commandait à des hommes d'un courage indomptable... La diète était convoquée. Les agents étrangers la dominaient. Le nonce Mokranowski conseille au maréchal de la diète, Malakowski, un vieillard octogénaire, de se retirer, et d'empêcher, par son départ, de délibérer sous la pression étrangère. Une tempête horrible éclata. Les jours de l'intrépide nonce sont menacés. Du haut des tribunes on le couche en joue; tandis que ses adversaires et les sicaires de la Russie, de la Prusse et de l'Autriche, le touchent déjà de la pointe de leurs épées. Les amis de Mokranowski lui crient : Rétractez-vous, nous ne sommes plus les maîtres; vous allez périr! — Mais lui se croise les bras, et regardant ceux qui le menacent : « Frappez, dit-il, je mourrai libre et pour la liberté! » Ce sublime dévouement arrête les assassins et l'ordre se rétablit... Tant il est vrai qu'au moment où les hommes sont sur le point de violer les lois les plus saintes, et à l'abri desquelles leur vie s'est écoulée, ils éprouvent une terreur secrète qui suspend toutes les facultés.

La diète, entraînée par la force des événements, qui précipitent les hommes sortis de la légalité, agréa la proposition de se confier à Catherine.

Le grand Frédéric encensa, avec un cynisme railleur, la nomination de Poniatowski, que l'ambassadeur russe couronna, au nom de Catherine, en disant que donner un bienfait à celui qui en est digne, c'est rendre service à tout le monde.

Jusqu'en 1771, Poniatowski fit de vains efforts pour retarder la perte de sa patrie, décidée par les trois puissances.

Le général Branitzki meurt cette même année, et le duc

de Choiseul, qui avait compris que la France devait se ranger du côté de la Pologne, est remplacé au ministère.

Le 5 août 1772, un premier traité de partage fut signé entre la Russie, la Prusse et l'Autriche. Il enlève à la Pologne un tiers de son territoire. Un pareil acte de brigandage, toléré par la France, devait être suivi de plusieurs autres et les trois puissances s'entendirent de nouveau pour dépouiller l'infortunée république.

En 1793, un jeune héros, Kociusko, combattit encore avec gloire pour l'indépendance. Mais les forces, sans cesse renouvelées, de l'armée russe, quoiqu'elles éprouvassent la plus énergique résistance, envahirent le grand Duché, s'emparèrent du faubourg de Praga, et entrèrent à Varsovie.

Alors un troisième et dernier partage eut lieu, à la suite duquel la république disparut... Stanislas-Auguste s'était retiré à Grodno, où il avait signé son abdication, en 1795.

Les trois puissances copartageantes s'aperçurent bien vite que la conquête du territoire, sans l'affection de ses habitants, donne peu de profit et amène beaucoup de difficultés ; mais elles s'en remirent à la terreur pour imposer du moins une apparence de soumission.

Qnatorze mille Polonais furent envoyés dans les déserts de la Sibérie. Les illustres Kociusko, Vavrecki, Patocki, Zakrowski, Niemcewicz, Tiskieswisch et beaucoup d'autres chefs, trouvèrent des cachots à Saint-Pétersbourg. L'Autriche ouvrit ses prisons. La Prusse, ses forteresses de Glogau et de Magdebourg. Un grand nombre de Polonais furent assez heureux pour émigrer et prendre du service en France et en Belgique.....

Cependant les Polonais, à force de malheurs et de courage, ont rencontré une défaite qui s'est élevée plus haut que le triomphe des vainqueurs. Grâce à ce renversement des choses humaines, les souvenirs d'une patrie, chargée de chaînes, sont plus puissants sur la mémoire des hommes, que toutes les splendeurs vivantes de l'Empire russe, resté maître du sol de la Pologne!

Enchaînée par le czar, elle aura ses moments de réveil. Elle n'échappera pas à l'horrible oppression qui l'accable. En augmentant sa gloire elle verra s'accroître ses maux ; mais elle prouvera par ses protestations, que, si la fortune couronne quelquefois l'iniquité habile, la conscience d'une nation généreuse, sans se laisser abattre par les plus rudes épreuves, réclame, tôt ou tard, et les armes à la main, la justice que la perfidie lui a déniée!

II

La liberté et l'indépendance de l'Occident ne seront solidement établies qu'après la reconstitution de la Pologne.

Elle est, en effet, la sentinelle avancée qui, depuis 1796, combat pour la civilisation et a conquis une gloire impérissable dans les armées de l'Empereur Napoléon Ier.

L'histoire des services signalés que ses valeureux enfants ont rendus à la cause française, élève bien haut le compte du sang qu'ils ont versé pour elle.

L'intrepide général Dombrowski arriva, le 30 septembre 1796, à Paris, où il fut précédé par l'acte de fédération, que les patriotes polonais, réunis à Cracovie, malgré la surveillance autrichienne, avaient dressé le 6 janvier de la même année. Par cet acte les confédérés s'engageaient à sacrifier leurs biens et leur vie, au premier appel de la nation française. Ils reconnaissaient en outre, la députation polonaise, établie à Paris, comme légalement constituée.

Le directoire gouvernait alors la France, et, aux termes de la constitution, la république ne pouvait prendre à sa solde des troupes étrangères.

Dombrowski, soutenu par l'ascendant du général Bonaparte, entra au service de la république lombarde. Le 20 janvier 1797, il lança une proclamation. Douze cents polonais accoururent sous ses drapeaux. Au mois d'avril, il en avait cinq mille; mais la paix fut signée à Léoben.

En 1798, la France engagea les hostilités avec les cours de Rome et de Naples. Les légionnaires polonais prirent une part glorieuse aux victoires de Civita-Castellano, de Magliano, de Calvi; et ils entrèrent dans les murs de Gaëte, de Sezza, de Cascano, de Naples et de Capoue.

Souvaroff, à la tête des vétérans russes, descendit, à son tour, en Italie. Les Polonais de la 2e légion furent répartis dans les divisions Montrichard, Victor, et Grenier, chargés de la défense de la ligne de l'Adige.

A la fin de la campagne, les braves de cette légion furent réduits de quatre mille à deux mille seulement. On les destina bientôt à faire partie de la garnison de Mantoue, placée sous les ordres du général Froissac-Latour. La défense de la porte Cérèse échut à leur bravoure... A la fin du siége, il ne restait plus que huit cents Polonais. Ce n'est pas tout : j'ose à peine dire que, par un article additionnel à la capitulation, consentie le 28 juillet 1799, on abandonna le sort des *déserteurs* au cabinet de Vienne, avec la réserve cependant que ces malheureux ne seraient pas mis à mort ! !

Les Autrichiens recoururent à la force pour faire entrer les Polonais dans leurs rangs, et cent cinquante seulement purent revoir la France ! Tout le temps que dura le siége, les officiers de la 2ᵉ légion, qui tombèrent au pouvoir des Autrichiens, furent condamnés à devenir simples soldats...

La 1ʳᵉ légion, sous le général Dombrowski, éprouva les pertes les plus grandes à la bataille de la Trébia, ou mille de ses braves furent tués et cinq cents blessés. Elle n'eut pas un sort plus heureux dans le combat de Novi.

Le 9 novembre 1799 (18 brumaire), Bonaparte, qui, en Egypte, avait eu pour aide-de-camp un Polonais, le courageux Sulkowski, portait une haute estime à l'aptitude militaire de cette nation. Aussi Dombrowski ne tarda pas à lever sept nouveaux bataillons d'infanterie et un d'artillerie. Ils furent à la solde de la France et prirent le nom de 1ʳᵉ légion polonaise.

La patrie avait disparu ; les sujets des Jagellons, plutôt que de ramper sous le joug de leurs oppresseurs, préféraient trouver sur les champs de bataille une mort glorieuse, en rivalisant d'ardeur avec les Français. Ils nourrissaient l'espoir qu'à la suite de tant de sacrifices, l'Empereur Napoléon Iᵉʳ rendrait, à ceux qui auraient survécu, la Pologne proclamée libre !... Quoiqu'il en soit, une nouvelle légion, composée de Polonais, eut bientôt dans ses rangs plus de trois mille soldats et se fit remarquer à la célèbre bataille de Hohenlinden... La 1re légion, commandée par Dombrowski, se signala de son côté au blocus de Mantoue.

Après la paix de Lunéville, signée le 26 janvier 1801 par Napoléon Ier, leurs services devinrent inutiles. La Russie, la Prusse et l'Autriche consentirent une amnistie en faveur des Polonais émigrés. Un grand nombre alla revoir sa patrie, lui porter l'hommage de lauriers glorieusement moissonnés, et lui prouver qu'il lui restait d'intrépides défenseurs.

Un autre motif détermina encore les débris des légions polonaises à retourner dans leurs foyers : ces valeureux soldats étaient indignés de l'ingratitude du gouvernement français.

Un certain nombre de Polonais voulut, cependant, se maintenir sous les armes. Les uns s'engagèrent au service de l'Étrurie ; les autres s'attachèrent à la cour de Naples ; quelques-uns entrèrent dans les rangs d'une armée d'observation, créée alors dans la haute Italie ; mais le chef du gouvernement français jugea convenable, en 1802, d'adjoindre les malheureux Polonais à l'expédition chargée de reprendre Saint-Domingue... Presque tous moururent de la fièvre jaune !

Cependant, l'heure d'un immense changement venait de

sonner pour la Pologne, Napoléon avait vaincu les Prus-
siens, à Iéna, le 14 octobre 1806 ; et la monarchie du
Grand-Frédéric ne devait désormais subsister que par la
pitié du vainqueur. Dombrowski et Vibycki signèrent un
appel à la nation polonaise, le 3 novembre 1806. Quatre
jours après, les troupes françaises pénétrèrent dans les
murs de Posen. Quinze jours sont à peine passés que Dombrowski a quatre régiments sur pied. Une foule de Polonais
accourent de tous les points de leur ancien territoire pour
demander des armes, méprisant les menaces de leurs oppresseurs... Une fièvre de liberté a saisi la nation. Jean Poniatowski commande à Varsovie, où les Français entrent le
28 novembre. Le 14 janvier, Napoléon Ier constitue une
commission suprême de gouvernement et nomme les ministres.

Le 14 juin 1807, les Polonais combattent avec les Français, à la grande journée de Friedland.

A la paix de Tilsitt, le roi de Prusse renonce, à perpétuité, à la possession de toutes les provinces polonaises qui,
à diverses époques, avaient passé sous la domination de la
Prusse.

Le 20 novembre 1807, le roi de Saxe, grand-duc de
Varsovie, arrive dans sa nouvelle capitale, y publie des dé-
crets, y fait des emprunts ; par ordre de Napoléon Ier il lève
douze régiments d'infanterie, six de cavalerie, une brigade
d'artillerie, dont le commandement est confié au prince

Joseph Poniatowski et aux généraux Zaionezeck et Dombrowski.

En 1808, la guerre éclate entre la France et l'Espagne. Les 4e, 7e et 9e régiments d'infanterie polonaise furent dirigés sur la péninsule Ibérique, où ils se couvrirent de gloire.

En 1809, la Diète accorde 48 millions d'impôts et décide que le Code Napoléon régira, à l'avenir, la Pologne.

L'Empereur Napoléon Ier déclare la guerre à l'Autriche. Le prince Joseph Poniatowski, alors ministre de la guerre, lève neuf mille conscrits, vole au devant de trente mille Autrichiens, qu'il arrête et repousse trois fois, à Radzin, le 19 avril 1809 ; puis il se replie sur la Gallicie, les bat encore à Radsmin et à Gora, et, aux acclamations enthousiastes de la population, il entre dans Léopold, la vieille capitale de la Gallicie.

Après de nombreux combats, Poniatowski, définitivement vainqueur, revient à Varsovie ; et la France, soutenue par cette puissante diversion, reste de son côté victorieuse des armées autrichiennes.

Le 14 octobre 1809, on signe la paix de Vienne.

Les Polonais, pour prix de leur sang, se virent enlever la moitié de leurs conquêtes. On ne leur laissa que quatre départements : Cracovie, Roedon, Doblin et Sidlée. Poniatowski reçut le commandement de l'armée nationale, s'élevant à 60,000 hommes.

Ces souvenirs émouvants du dévouement héroïque des Polonais , pour seconder le drapeau civilisateur de la France ; ces efforts surhumains pour arracher la patrie à ses oppresseurs prouvent ce que la liberté et l'indépendance de l'Occident doivent attendre de cette victime d'élite, si elle recouvrait toute la puissance de son autonomie.

III

La prépondérance de la France ne deviendra une redoutable réalité que le jour où cette barrière sera relevée. La politique, l'intérêt et la reconnaissance lui imposent le devoir de reconstituer la Pologne, à qui tous les genres de sacrifices ont paru doux à supporter pour soutenir les destinées françaises.

Les fils des Jagellons considéraient le grand-duché de Varsovie comme le noyau de leur ancienne république, dont l'Empereur des Français devait leur restituer l'intégralité… cette espérance a fait verser le plus pur de leur sang et leur a valu les succès éclatants qui ont immortalisé leurs guerriers.

Ces braves soldats nous ont appris que relever le drapeau de Sobieski, c'est créer une alliance inviolable à la France; c'est rappeler à la religion, à la justice, à la civilisation qu'elles peuvent convoyer la gravitation ascendante du progrès, sans craindre le Cimeterre Ottoman ni le Knout Moscovite.

En 1812, Napoléon Ier avait signé un traité avec Vienne, par lequel la Gallicie était rendue à la Pologne. C'était un grand pas vers une reconstitution complète ; et le 26 juin une diète générale fut convoquée. Les ministres invitèrent la nation entière à se confédérer : elle se leva comme saisie par une électricité et proclama le rétablissement de ses anciennes limites !

Elle jura alliance inviolable à la France et tint parole....

Tandis que tant de ressources étaient mises à la disposition de l'Empereur des Français, les Polonais, sous les ordres du prince Joseph Poniatowski, composaient le 5° corps de la grande armée, et prirent une part glorieuse aux périls de la campagne.

Napoléon fut vaincu et cependant la fidélité des descendants des Jagellons lui resta inébranlable, comme sous les ailes de la victoire.

A la suite de la désastreuse retraite de Moscou, l'armée nationale comptait encore dans ses rangs plus de vingt mille hommes. On les distribua dans les places de Dantzig, de Thorn, de Modlin, de Zamosc. L'intrépide Dombrowski suivit l'armée française dans sa retraite. Le prince Joseph Poniatowski, après avoir rallié douze mille combattants, opéra, par la Saxe, sa jonction avec la grande armée. Au pont de Leipsig, les Polonais déployèrent une valeur antique. Leur chef trouva dans les flots de l'Elster un tombeau pour sa fidélité et sa gloire!.... Ses soldats accompagnèrent Napoléon jusqu'à Fulde et protégèrent sa retraite, bravant l'Europe soulevée contre lui ; afin de donner au monde une grande leçon de fidélité à la religion, au drapeau, aux alliances, et afin de rendre plus éclatants leurs titres à la reconnaissance d'un peuple aux destinées duquel j'ose me persuader qu'ils ont bien fait de garder une foi invincible !

Si, en 1813, la Pologne eût possédé la force morale de l'autonomie, elle eût décidé le vainqueur du continent à hiverner dans ses provinces. Le génie fougueux de Napoléon Ier y eût trouvé l'abondance dans la victoire, la sécurité dans la retraite ; et, derrière cette barrière la France eût conservé la prépondérance impériale.

Après les revers de 1814, l'empereur Alexandre Ier traita la Pologne avec modération... De nombreuses améliorations ramenèrent la confiance dans les cœurs et le 24 décembre 1815, un gouvernement constitutionnel réalisa, enfin, toutes les espérances...

Avec ses droits politiques, la Pologne retrouva sa fécondité.... ce qui atteste sa puissante vitalité, c'est que, malgré ses désastres, on vit bientôt le grand-duché, théâtre de tant de guerres, sortir de ses vieilles ruines, brillant de jeunesse.... En moins de trois années, elle sembla un royaume nouveau, qui marchait à grands pas dans la voie des réformes salutaires et de la prospérité publique.

Il est essentiel de rappeler qu'en 1815, la Russie n'a obtenu l'annexion du grand-duché de Varsovie que sous la condition de lui laisser son autonomie, avec sa représentation et ses institutions nationales.

Mais les puissances copartageantes, qui avaient signé le traité de la Sainte-Alliance, sous le prétexte que les principes démocratiques devaient tout entraîner dans leurs déportements, opérèrent une réaction en faveur du pouvoir absolu, et s'occupèrent à restreindre les droits politiques des peuples....

La liberté de la presse fut supprimée en Pologne le 31 juillet 1819 ; et à sa place la censure gouverna. La patience et la résignation ne sont pas les vertus dominantes d'une nation qui a le sentiment de sa force. La police et son espionnage, loin de prévenir le mal, ravivèrent des haines depuis longtemps endormies.

Le 1ᵉʳ décembre 1825, Alexandre Iᵉʳ meurt. Nicolas, son second fils, lui succède. Il voulait maintenir les institutions garanties par son père. Il le disait : mais il était trop tard ; les liens qui reposent sur une confiance réciproque n'existaient plus.

Le cabinet de Saint-Pétersbourg eut recours à la terreur. En dépit de la surveillance la plus minutieuse et la plus tracassière, les sociétés secrètes se préparaient dans l'ombre. Il est à remarquer que dans aucun temps, les princes ne se sont appuyés davantage sur la police ; et au xixe siècle seulement, on a vu autant d'États s'écrouler au souffle des insurrections populaires.

Les arrestations se multiplièrent avec une rapidité qui porta la rage dans tous les cœurs. Une obscure dénonciation, faite par un ennemi personnel, donnant aux faits les plus simples une empreinte politique, dispensait de toute espèce de preuves. On était convaincu, quand on était habilement accusé. Ensuite Nicolas établit des conseils de guerre, qui, en violant toutes les lois, devinrent les juges suprêmes du pays.

La liberté de la presse étant supprimée, les Polonais étaient censés jouir d'un gouvernement représentatif. Nicolas, faisant tourner à son profit l'apparence des formes, épuisait le pays par des demandes de sacrifices continuels et faisait peser sur lui l'oppression la plus terrible. Enfin, le Czarewitsch Constantin, placé à la tête de l'armée nationale, la soumettait aux châtiments corporels, appliqués aux soldats russes, qui font le désespoir des peuples libres.

Sur ces entrefaites éclata la révolution de Juillet. La Pologne se souleva pour la liberté. Des abîmes s'élevaient entre les Polonais et les Russes, et, à part les actes de tyrannie de Nicolas, une haine de religion séparait pour toujours l'Église grecque de la communion catholique.

Le drapeau tricolore flottant sur la maison du consul français à Varsovie, réveillait à la fois les souvenirs de 1789 et ceux de l'Empire. C'était sous ces couleurs que les

Polonais avaient moissonné tant de lauriers ; et, maintenant, esclaves flétris des Moscovites, ils étaient déchirés par le knout. Les nouvelles les plus alarmantes ne cessaient de circuler. Des soldats russes marchaient sur la Pologne, tandis que l'armée nationale serait lancée sur la France. La mort était préférable à ce degré d'ignominie !

Des jeunes gens de l'école militaire des enseignes, entraînés par l'enivrement général, portèrent des toast à la mémoire de Kociusko. Constantin livra ces jeunes gens au supplice du knout. Ce fut le signal de la révolte. Les sociétés secrètes levèrent la tête. L'insurrection devint générale. Des massacres ensanglantèrent Varsovie. La Pologne, en armes, chassa les Russes.

Le 5 décembre 1830, Clopicki est nommé dictateur.

Mais la Russie, pour justifier la vengeance qu'elle prépare, lance ses agents ténébreux. Les clubs, salariés par la police, sèment à pleines mains l'anarchie.... cependant le parti national l'emporte et le 19 janvier 1831, la diète prononce la déchéance de la dynastie russe.

Les 5, 6, 7 février, les bataillons russes, comme les bandes de loups maigres de leurs steppes désolées, pénètrent en Pologne, portant partout la dévastation et le carnage, mettant tout à feu et à sang. Et après avoir vomi sur le sol toutes sortes de maux, ils lui apportent le choléra, le dernier fléau qui lui manquait.

Après des combats, sans nombre, les Polonais furent

vaincus par les masses sans cesse renouvelées de l'armée
'usse, qui entra dans Varsovie le 8 septembre 1832.

Quelques semaines plus tard, la Pologne était retombée
dans les fers; et l'empereur Nicolas décrétait que ce
royaume est à jamais réuni à la Russie et forme une partie inséparable de cet Empire !

Je passerai sous silence les rigueurs, les proscriptions,
les spoliations; les familles princières réduites à mendier
un morceau de pain pour leurs enfants, les massacres des
prisonniers, et toutes ces cruautés inspirées par la haine de
Nicolas. Le monde entier a pris part à tant de malheurs et
a cherché à en adoucir l'amertume.

Mais, il est un crime politique, contre lequel la civilisation chrétienne doit protester éternellement, c'est l'inique
partage de la Pologne !

Ainsi que l'a dit l'honorable rapporteur du Sénat : « Le
» monde s'afflige des infortunes qui ne cessent de peser
» sur une nation de héros, périodiquement poussés au dé-
» sespoir. Il s'indigne des exécutions en masses, des villes
» pillées, rasées, incendiées. Il demande l'exécution des
» traités, qui promettaient à la Pologne son autonomie et
» des institutions nationales. Il en demande l'exécution au
» nom de la justice, de la politique, de l'humanité, et de
» la sécurité de l'avenir.

» Les promesses d'Alexandre Ier ont été oubliées. Pen-
» dant 25 ans, Nicolas a traité opiniâtrement les Po-

» lonais comme des sujets révoltés de la veille. Pendant
» 25 ans, sa politique s'est attachée à leur enlever leur re-
» ligion, leur langue, leur nationalité.

» L'empereur Alexandre II a fait des promesses ; mais
» leur exécution est si lente et si faible, que les Polonais se
» sont découragés et ont été poussés au désespoir.

» L'année dernière, ils se réunissaient, sans armes, pour
» prier. Des massacres ont eu lieu autour des églises et
» même au pied des autels.

» L'assimilation ne s'est jamais faite de ces provinces,
» réunies à l'Empire russe depuis près d'un siècle ; car
» l'insurrection actuelle s'est propagée avec rapidité, dans
» la Lithuanie, la Ruthénie, la Gallicie.

» Il existe entre les Russes et les Polonais une antipathie
» séculaire qui tend sans cesse à troubler l'Europe.

» En 1862, c'est l'obstacle opposé aux prières publiques !
» Aujourd'hui c'est un mode arbitraire de recrutement de
» l'armée, tellement odieux qu'il a été qualifié de pros-
» criptions..... »

Telles sont les causes principales et les plus récentes de
cette vaste insurrection qui se répand dans la vieille Polo-
logne et dans le royaume de Varsovie.

Les peuples qui ont salué avec joie l'avènement de S. M.
Napoléon III, les hommes de cœur qui ont combattu pour
la gloire de son nom, espèrent de grandes choses de sa
puissance et de son génie. Ils réclament l'accomplissement

du *plan général du grand mouvement européen,* qui avait été décidé à la proclamation de l'Empire.

Tant que la France devra craindre la coalition des cours du Nord, elle n'aura rien fait pour sa prépondérance. La France est le foyer générateur de la civilisation européenne. La Pologne en est l'avant-garde et le bouclier. C'est, par elle, qu'elle doit pénétrer dans les steppes de la barbarie; c'est sur elle, que se porteront les premiers efforts de la résistance.

Aujourd'hui, trahie, abattue, hâletante, comme une proie défigurée dans les ongles d'un tigre prêt à la mettre en pièces, elle s'agite dans une lutte sublime. Elle prodigue son sang, même sans triompher, afin que le monde reste convaincu qu'il y a des forfaits, en faveur desquels on ne peut jamais invoquer la prescription.

La Pologne est nécessaire au triomphe de la civilisation moderne, qui s'indigne des massacres, commis par les soldats russes, sur les hommes, les femmes et les enfants. La religion applaudit au courage d'une nation martyre. La France ne peut oublier son attachement pour elle, resserré par la confraternité des armes. La France ne sera point ingrate : elle lui doit, elle lui donnera un vengeur.

Espérons que bientôt Dieu permettra au jour de sa justice de se lever pour rétablir dans ses droits un des peuples les plus héroïques qui aient jamais illustré les annales du monde ! Espérons que bientôt il décidera le châtiment de la barbarie révoltante d'un gouvernement, violant lés lois les plus sacrées et changeant son rôle de père contre celui de bourreau des citoyens !

Nous demandons la réconstitution de la Pologne, parce qu'il n'y a pas aujourd'hui d'idée plus directement progressive ni plus efficacement réparatrice.

Les élections se préparent. La démagogie manœuvre ses légions. Le suffrage universel est devenu le premier de ses droits; son exercice, le premier de ses devoirs ; les souffrances des peuples, le masque imposteur de ses projets subversifs. Ce masque, portant l'empreinte des griffes du czar, séduira les masses aveugles.

A l'empereur, qui a sauvé la société, qui a donné l'espérance aux opprimés et la sécurité à toutes les nobles aspirations humaines, la gloire d'arracher, une fois encore, au vice le masque de la vertu, et de délivrer ceux que la confraternité des liens religieux et sociaux nous fait un devoir de secourir.

VII

LES ÉLECTIONS DE 1863

CHAPITRE VII

LES ÉLECTIONS DE 1863

20 juillet 1863.

Les dernières élections affligent les hommes sincèrement attachés au gouvernement impérial.

J'avais annoncé la crise dans laquelle nous nous engageons, je vais en résumer les difficultés et mettre en lumière la solution qui donnera à la France l'apogée de la prospérité et à l'Europe la paix continentale.

Ce fut une grande époque de notre siècle, un signe certain du progrès de la civilisation, lorsque du sein des bouleversements accumulés par l'anarchie, Dieu releva l'étendard Napoléonien, comme un chêne secouant au vent la poussière des ruines sous lesquelles on l'avait enseveli, et redressant vers le ciel ses rameaux vigoureux.

Prétendre réaliser les destinées impériales, sans accomplir entièrement le *plan général du mouvement européen* qui l'a fait sortir de ses cendres, c'est ignorer la racine profonde de tout progrès social. Chercher le progrès en dehors du principe sur lequel il repose est aussi impossible que de constituer l'ordre sidéral, en dehors de la loi qui préside à l'harmonie des mondes.

Entraînés par les magnificences de ce principe, des hommes de divers pays et de toutes les conditions, réunis par la communauté des souffrances, des intérêts, des aspirations et des énergies, se sont rencontrés dans une même résolution ; ils ont dit : « l'Empire, avec S. M. Napoléon III, c'est la conquête, la gloire, la prospérité ; la liberté, la paix ! »

« Pour l'obtenir, le devoir, c'est trop peu, nous irons jusqu'au sacrifice ; le courage, c'est vulgaire, nous irons jusqu'à l'héroïsme ! »

Et l'Occident s'est soulevé pour porter au trône S. M. Napoléon III : et des nations captives se sont insurgées pour lui demander leur indépendance.

L'anarchie voulait prendre sa part de l'orgie de la destruction, quand l'empereur éleva assez haut son étendard pour qu'on pût le voir de partout. Sur cet étendard, il avait écrit ces mots : « Liberté et indépendance de l'Occident, de l'Italie et de la Pologne ! » Ce programme réalisait toutes les espérances. A cette vue, les vagues séditieuses de l'Océan populaire sont venues, confiantes et soumises, se calmer à ses pieds.

Ne croyez pas à un jeu d'imagination. Les révolutions sont la conséquence des souffrances de la multitude. Le peuple est sobre, patient, courageux, dévoué; il ne descend dans la rue que lorsque ses pénibles labeurs ne satisfont plus aux rigoureux besoins de son existence.

Dans les villes, comme dans les campagnes, c'est la misère qui le pousse fatalement à la sédition... Comment pourrait-il en être autrement? Le travail avec la pauvreté, c'est l'asservissement au mal, c'est la douleur sans compensation, c'est le désespoir avec le désir de la révolte et de la vengeance, c'est l'abrutissement de la créature de Dieu !

Que l'on secoure son dénûment, en donnant à la France, par une paix durable et puissante, les conditions de prospérité nécessaires au développement de son commerce, de son industrie, de son agriculture, et l'ouvrier trouvera le salaire légitime d'un travail rémunérateur... Ce travail, avec l'aisance qui le suit, c'est le calme de la satisfaction, c'est le gage de la dignité humaine, c'est le perfectionnement de l'homme dans la plénitude de sa liberté, c'est l'union du peuple et du souverain sous la main de la Providence!

Mais pour arriver à cette paix durable, j'ai prouvé qu'il fallait les frontières naturelles, l'unification de l'Italie, et l'indépendance de la Pologne.

I

Les frontières naturelles doivent assurer l'intégrité du territoire, la sécurité intérieure, la prospérité commerciale, industrielle, agricole et financière de la France.

Depuis l'aurore de la fortune impériale, nos amis ne l'ont point quittée. Leurs menées habiles ont déconcerté ses ennemis; lui ont rallié l'opinion et ont soutenu son élévation.

L'obstacle que redoute le gouvernement n'est pas plus une réalité que l'ombre sur le miroir dur, froid, poli, n'est la substance animée, gracieuse et vivante, dont il présente les formes et les traits. La difficulté lui apparaît tantôt sous la forme de la coalition, tantôt sous la forme de la résistance des populations, quelquefois sous toutes les deux à la fois, comme un songe fantastique nous offre au même instant le même individu sous deux caractères différents.

Et cette difficulté n'existe pas, cinq millions de voix sont prêtes à l'attester !

Ceux qui veulent que la meilleure raison du monde soit

ratifiée par le temps, ne font pas attention que le temps ne représente ni l'expérience, ni le progrès ; mais tout simplement la lutte de la routine contre la science, des préjugés contre la vérité, des intérêts éphémères contre la justice éternelle !

Cela me fait l'effet d'un arbre malicieusement renversé en travers de l'Escaut et qui arrête la navigation. Les bateaux français doivent-ils attendre, pour passer en Belgique, que l'arbre, pourri dans les eaux, soit entraîné par le courant ? Ne vaudrait-il pas mieux enlever l'obstacle ? Amener lentement, le triomphe de la vérité etde la civilisation, par la décomposition de l'erreur et de ladémagogie, c'est laisser aux fausses doctrines le libre exercice de leur influence délétère : c'est le rôle du temps à l'encontre des intérêts hostiles à la réalisation de la justice et du bonheur progressif des nations !....

II

L'unification de l'Italie apportera à la France une alliance solide, cimentée par la communauté des intérêts commerciaux et nécessaire à sa prépondérance sur l'Adriatique.

Le mélange des institutions diverses ne saurait durer en Italie. Il faut que les unes et les autres périssent sous les prétentions incessantes des factions. Il faut que la politique y reprenne un égal niveau. C'est uniquement dans ce sens qu'il y a conspiration permanente en Italie. Le jour où elle entrera en jouissance des droits que son intelligence aperçoit et que la marche du temps lui apporte, elle sera tranquille et purement italienne.

Ce ne sont point quelques pauvres diables de carbonari, excités par des manœuvres de police, qui compromettront la splendeur du christianisme et qui soulèveront le pays.

On donne aux gouvernements de Paris, de Turin et de Rome, les idées les plus fausses sur le véritable état des choses. On les empêche de faire ce qu'ils devraient faire pour veiller à leur sûreté, en leur montrant toujours, comme les conspirations particulières d'une poignée de factieux, ce qui est l'effet d'une cause permanente et générale.

En Italie, la faiblesse des gouvernements n'est sauvée que par l'indolence des populations, qui se contentent, au milieu d'agitations stériles, de conjurer le gouvernement de l'Empereur d'amener la solution de l'unification, et qui lui crient sans cesse d'en avancer l'heure enthousiaste !

Le seul moyen de replacer la religion à la tête de la marche de la société, c'est d'obtenir que le vénérable, l'incommutable Pontife du Vatican consente à couronner lui-même, à Rome, le roi de l'Italie, et lui cède, comme un manteau usé, en échange de toutes les libertés, de toutes les franchises, de toutes les richesses dont il a besoin, ce vain nom d'un pouvoir caduc, impuissant, onéreux !...

III

Qui pourrait suivre sans émotion les phases deux fois séculaires de la révolution polonaise? L'héroïsme de ce patriotisme indomptable, en immortalisant sa gloire, lui assure, dans sa chute sanglante, son plus beau triomphe.

Si l'Europe reste insensible à la lutte du sublime courage des Polonais contre la lâche férocité des Russes ; si l'Europe oublie qu'au siége de Vienne, elle fut sauvée par cette héroïque Pologne, sur laquelle pèse aujourd'hui l'ingratitude des souverains ; c'est que la civilisation européenne se meurt et rétrograde vers la barbarie...

Si la France, négligeant le soin de sa grandeur et les devoirs de la justice et de la reconnaissance, assiste l'arme au bras à l'affreux massacre d'une nation d'élite c'est que la France elle-même n'a plus la force de monter à l'apogée de sa gloire et qu'elle préfère descendre librement la pente rapide de sa décadence.

Cette défense lugubre et magnifique de la Pologne, ce

sont les convulsions d'une fièvre de liberté et c'est un des produits du siècle ; c'est la lutte de l'ancienne société avec la nouvelle ; de la barbarie avec le progrès ; c'est le combat acharné de la décrépitude des vieilles institutions contre l'énergie des jeunes générations !

Auquel des deux partis le gouvernement impérial va-t-il donner la victoire ?

L'Empereur a vaincu l'anarchie ; il a bâti les plus beaux palais du monde ; il a aidé les premiers pas de l'indépendance italienne ; il a délivré les Turcs des agressions de la Russie ; il a défendu les chrétiens de Syrie contre les fureurs des Musulmans ; il a ouvert les Indes et la Chine au commerce européen ; il a glorieusement conquis le Mexique !...

Eh bien ! malgré toutes ces grandes choses, il n'a rien fait encore pour la prépondérance de la France.

La preuve : c'est qu'à Solférino, après cinq victoires successives, il a reculé devant une menace de coalition !...

La preuve : c'est qu'aujourd'hui même, et depuis deux ans, le czar, Alexandre II, se rit de sa diplomatie, et massacre, au gré de sa cruauté, un peuple que la foi des traités, le respect des alliances, la confraternité des liens religieux et sociaux lui font un devoir de secourir !...

Cependant, le gouvernement impérial est le plus fort parce qu'il est le plus légitime de l'Europe. Huit millions de suffrages français ont couronné l'Empereur, et plus de vingt-cinq millions d'hommes se sont levés pour soutenir et défendre le programme de son avènement.

Il a promis la liberté et l'indépendance de l'Occident, de l'Italie et de la Pologne.

L'exécution des promesses s'est fait attendre. Au bout de douze ans, la nation vient les rappeler au gouvernement. Elle en réclame l'exécution par un vote dont la sévérité n'exclue pas le dévouement au souverain, mais témoigne seulement de la fermeté de l'opinion publique.

Telle est la signification des dernières élections. Il dépend du gouvernement de faire sortir de cette apparente défaite un éclatant triomphe. Qu'il réalise son programme : et cette chambre, émotion fidèle de l'opinion publique, qu'il croit agitée, inquiète, hostile peut-être, il la trouvera compacte, dévouée, enthousiaste, pour approuver tous ses projets, pour satisfaire tous ses désirs : à la condition de grandir dans le sens de sa destinée, dans le sens du principe qui lui a servi de piédestal ; à la condition de donner à la France la grandeur dans la prospérité, la grandeur dans l'ordre, la grandeur dans la conquête, la grandeur dans le génie, la grandeur dans la paix, la grandeur dans la politique !

Dans notre Europe industrielle, dans notre siècle de liberté, on ne fait plus la presse des partisans, on ne contraint plus les gens, on les attire... Vous aviez besoin de suffrages pour relever l'Empire... Vous avez déployé un programme supérieur aux constitutions précédentes. Les peuples, sollicités par leur intérêt privé, que j'ai l'audace d'appeler un intérêt légitime, ont abandonné toutes les traditions du passé, pour un drapeau qui promettait davantage. Il n'y a eu là-dedans ni immoralité, ni corruption. Il n'y a eu que l'exercice judicieux d'un droit souverain, dont l'application se traduit par le suffrage universel...

Mais il faut y prendre garde... C'est une arme à deux tranchants...

Les ministres de Charles X et de Louis-Philippe ont perdu deux fois la royauté, parce que, dédaignant la volonté nationale, ils se sont laissé entraîner au vent de la prospérité et éblouir à l'éclat du pouvoir, comme des faucons indociles, qu'on est obligé de réformer parce qu'ils n'écoutent ni le leurre, ni le signal...

Si le gouvernement recule, qu'il soit convaincu que le peuple français, ardent et mobile, retournera à sa déesse révolution, comme le libertin retourne à la fille de joie dont les artifices l'ont ensorcelé.

Mais s'il tient ses promesses, dans leur exécution, il aura pour collègues les puissants et les braves : la religion, l'armée, la noblesse, le peuple, qui combattront pour soutenir son courage et lui donner la victoire ! Le succès sera glorieux et rémunérateur. Il placera l'Empereur à la tête des illustrations des siècles et il ouvrira à la France des sources intarissables de richesses !

Les frontières naturelles, l'unification de l'Italie, l'indépendance de la Pologne, mettront l'Europe à ses pieds; feront cesser les tiraillements perpétuels qui soumettent la France à de douloureuses alternatives d'ordre et d'anarchie; enfin, elles édifieront la prospérité de la dynastie impériale sur le dévouement et la reconnaissance des peuples!...

VIII

LE CONGRÈS DE PARIS SOUS L'EMPEREUR NAPOLÉON III

CHAPITRE VIII

LE CONGRÈS DE PARIS SOUS L'EMPEREUR NAPOLÉON III

15 décembre 1863.

Le congrès, qui a échoué l'an dernier, contre l'écueil de l'égoïsme européen, est convoqué de nouveau cette année par le gouvernement impérial.

L'existence d'un peuple héroïque, que moissonne, à pleines faux, une guerre d'extermination, va se jouer paisiblement à Paris, sur le tapis vert de la diplomatie.

Mais déjà des bruits étranges et des discours plus étranges encore sonnent, dans de puissantes assemblées, le trépas de cette nation héroïque.

« La Pologne va être abandonnée à la fureur du czar! »

« La France a peur d'une coalition! »

« La cause polonaise, depuis l'apparition de Garibaldi
» et de Mazzini dans ses provinces, est devenue la cause
» de la révolution! »

Avant d'apprécier ces échos de mauvais augure, je vais
prouver :

1° Que la coalition européenne contre la France est une
chimère, que ses ennemis les plus acharnés seraient impuissants à réaliser.

2° Que l'intervention des chefs de la révolution italienne
n'implique nullement l'inoculation de l'anarchie en Pologne ; mais qu'elle est la conséquence de l'apathie calculée, de l'inaction coupable des gouvernements européens.

J'ai sondé les brisants de l'écueil ; le sentiment du danger m'appelle sur la route du maître que nous continuons
à servir, malgré le poids d'une répulsion imméritée.

Si j'ose éclairer l'abîme, c'est que des voix imprudentes
y appellent les sommités sociales pour essayer d'en dissimuler les périls. Elles oublient qu'on ne se réunit pas à
l'abîme, mais qu'on s'y engloutit !

Puisse ma faible intelligence arriver à porter cette con-
viction féconde au gouvernement impérial. Puisse la Providence décider enfin d'achever l'ouvrage dont elle a voulu
se charger seule, afin de rendre sa main plus visible à
tous !

I

La coalition européenne contre la France est impossible. En effet, au premier coup de canon, l'Europe se divisera en deux camps ; et celui à la tête duquel se trouvera la France, sera incontestablement le plus fort. Il y aura peut-être une guerre continentale ; mais il est plus probable que ce sera simplement une grande démonstration armée qui prouvera la prépondérance française.

La coalition n'est plus possible, parce que les mêmes intérêts ne soulèvent plus l'Europe aujourd'hui contre un vainqueur orageux. La moitié des gouvernements du continent soutiendront les principes, la politique, le progrès, proclamés par S. M. Napoléon III ; parce que ces principes, cette politique, ce progrès, ils les ont adoptés eux-mêmes.

Tous les intérêts moraux et matériels rattachent les provinces du Nord à la France.

La Suède combattra contre la Russie, qui tourmente sans cesse ses frontières.

La Saxe, la Bavière et la Suisse, longtemps exploitées par la Prusse et l'Autriche, marcheront sous vos aigles.

L'ancien royaume de Pologne entier renaîtra de ses cendres, le jour où la guerre sera déclarée.

La Hongrie se battra vivement pour la cause de la liberté et de l'indépendance.

L'Italie, la fille de la gloire impériale, lui rendra le sang que les soldats français ont versé pour elle.

L'Espagne se souviendra qu'elle a donné au trône de France l'ange tutélaire de l'Empire qui console toutes les infortunes, et dont les qualités admirables ont pour parure la vertu et la bonté. Elle ne brisera pas l'ouvrage de ses mains... d'ailleurs, catholique et alliée, elle ne méconnaîtra jamais les liens religieux et sociaux qui l'attachent à l'Empereur.

L'Angleterre, malgré sa politique inextricable, n'oserait pas s'allier à la Russie, qui, en Crimée et dans la Baltique, lui a prodigué tant d'outrages.

La Turquie attend son heure pour venger des siècles d'agressions et de spoliations iniques.

Telles sont les forces principales, commandées par la France, qui défient la coalition et dont une politique habile peut tirer des avantages incalculables.

En face d'elles, la Russie, la Prusse et l'Autriche, et peut-être les Etats secondaires de l'Allemagne, viendront aligner leurs légions.

La guerre en elle-même est un événement malheureux ; et, pourtant, dans certains moments, elle relève les hommes et les nations. Les individualités s'effacent devant les grandes considérations sociales ; il ne reste plus que des hommes, prêts à faire le sacrifice de leur vie pour le salut de tous. Sous cet aspect la guerre a de la grandeur. Elle développe les instincts généreux, ennoblit les caractères et fortifie les nationalités.

Mais dans les conditions formidables de parité qui résultent de la polique moderne, quel est le souverain qui oserait risquer une bataille gigantesque, après laquelle les vaincus seraient nécessairement effacés de la surface du continent ?

Les hommes qui s'épouvantent de cette éventualité, n'en ont pas calculé la portée. Ils ne comprennent pas la marche du temps. Ils cherchent dans les traditions de leurs ancêtres le talisman d'une sécurité que l'avenir seul possède et qu'il donnera quand l'Europe aura déployé ses forces.

Les générations contemporaines ne meurent pas exactement le même jour. Au milieu de la race nouvelle, il reste des hommes du siècle écoulé, qui crient que tout est perdu, parce que la société à laquelle ils appartenaient a fini autour d'eux, sans qu'ils s'en soient aperçus. Ils s'obstinent à ne pas croire à cette disposition. Toujours jugeant le présent par le passé, ils appliquent à ce présent des maximes d'un autre âge, se persuadant toujours qu'on peut faire renaître ce qui n'est plus.

A ces hommes, qui surnagent sur l'abîme du temps, viennent se réunir, avec les adversaires des libertés publiques, quelques individus de diverses sortes; des ambitieux qui s'imaginent découvrir dans des institutions, tombées en vétusté, un pouvoir nouveau près d'éclore; des jeunes gens simples ou zélés, qui croient défendre, en rétrogradant, l'antique religion et les vénérables traditions de leurs pères; des personnes encore effrayées du souvenir de la grande révolution; enfin des ennemis secrets du pouvoir existant, qui, témoins joyeux de certaines déviations, abondent dans le sens de ces déviations pour amener une catastrophe.

Tels sont les hommes qui veulent faire un épouvantail d'une chimère irréalisable, et qui prétendent que l'Europe se soulèverait si la France rétablissait un peuple que la foi des traités, le respect des alliances, la confraternité des liens religieux et sociaux, la justice, l'humanité et la reconnaissance lui font un devoir de secourir!!!

II

La présence de Garibaldi et de Mazzini, en Pologne, n'implique nullement des tendances anarchiques. Elle est la conséquence inévitable de l'apathie calculée, de l'inaction coupable des gouvernements européens.

En effet, la révolution polonaise, c'est un moment de réveil chez un peuple énergique, qui veut briser les fers d'une oppression intolérable ; c'est la lutte surhumaine d'une poignée de catholiques contre des millions de barbares ; c'est la civilisation aux prises avec les ravageurs d'Attila ; c'est le combat sombre d'un patriotisme désespéré contre les atrocités d'une tyrannie implacable.

La Pologne, abandonnée sous le fer meurtrier des Moscovites, a poussé un cri de détresse et d'agonie. Les chefs des bandes italiennes sont accourus à cet appel suprême... Si l'Europe avait fait son devoir, la Pologne serait sauvée et l'on ne dirait pas que l'anarchie essaie d'égarer son désespoir.

Ces aspirations, ces élans vers un bonheur auquel a droit de prétendre toute nation courageuse, on les comprime, et, par moment, ils font explosion. C'est la conséquence logique de l'action du refouloir exercée sur l'entraînement du progrès... Le XIXe siècle a proclamé la souveraineté des peuples ; et les gouvernements s'obstinent à enchaîner leurs destinées, avec une opiniâtreté invincible.

Ce sont deux courants, chargés d'électricités contraires, condensées à leur plus grande puissance dans les sources de la routine et du progrès, du passé et de l'avenir. Le pôle négatif dit l'impuissance du passé ; le pôle positif prodigue les lumières rayonnantes de l'avenir. On a l'imprudence de ramener les deux conducteurs opposés à un même point de contact, et l'on s'étonne des étincellements qui jaillissent des sources du progrès ; et l'on en combat le principe parce qu'on n'est pas capable d'en admirer la splendeur !

Si la France avait terminé la question italienne ; si elle avait consacré l'unification de la Péninsule ; si elle avait repris ses frontières naturelles ; les peuples jouiraient en paix d'une liberté féconde, et l'Empire trouverait, sous sa main, une sécurité et une alliance redoutables.

La Pologne, comme l'Italie, combat pour son indépendance, sa nationalité, la liberté des cultes, le tombeau de ses pères, ses foyers domestiques, le berceau de ses enfants ! Les soldats d'une tyrannie féroce déciment ses générations nouvelles. Hommes, femmes, enfants, vieillards, prisonniers sont massacrés sans pitié par les oppresseurs... Les opprimés se défendent avec la fureur du désespoir !... On ose appeler cela : la révolution et l'anarchie !...

Depuis deux siècles, six millions de Polonais, possédant les plaines les plus fertiles de l'Europe, l'histoire la plus glorieuse du monde, luttent, avec un courage sublime, contre la convoitise, les artifices, et les soldats des trois grandes puissances limitrophes. On enlève à cette nation de héros ses richesses et ses familles ; les Polonais vendent chèrement leur vie !... On ose appeler cela : du brigandage et de la révolte !

En vérité, je ne sais pas ce qu'il y a de plus étrange, ou de l'aveuglement de l'agression, ou de l'incapacité de la mauvaise foi...

C'est l'intolérance et l'inhabileté des gouvernements du xviiie siècle, qui ont amené la révolution de 1793. La jeunesse, tranquille avec la liberté, devient tumultueuse sous le despotisme. Elle s'agite sous les chaînes dont on charge ses instincts progressifs. Par une réaction naturelle, plus on la refoule vers l'arbitraire, plus elle devient républicaine ; elle pousse hors de la scène les générations vieillissantes. Bannie du présent, étrangère au passé, elle se croit permis de disposer de l'avenir. Ne pouvant obtenir la liberté, elle s'insurge. Son instinct la porte à chercher, à travers les périls, quelque chose de grand, fait pour elle, dont elle subit l'attraction, mais qu'on ne lui permet pas d'atteindre. Dans son exaspération, elle menace de briser les obstacles.

La religion souffre particulièrement de cet état de choses. C'est le clergé tout entier que l'on accuse. Au dire de ses ennemis, « c'est pour favoriser son ambition et cacher » les infirmités de son administration temporelle, qu'on » n'ose pas décider l'unification de l'Italie ; c'est la crainte » de ses intrigues qui paralyse la politique du gouverne- » ment... le clergé veut la ruine de nos institutions... la » constitution est incompatible avec son existence..., etc. »

Calomnies indignes et absurdes, sans doute, mais populaires ; et calomnies qu'a fait naître le système regrettable d'échappatoire, de temporisation, de résistance, adopté par la diplomatie moderne.

Nous demandons le sacrifice du pouvoir temporel, comme on propose de jeter à la mer un fardeau sans valeur, qui compromet la marche du vaisseau ; mais nous voulons sauver la religion catholique par la liberté et le progrès.

On n'empêche pas les générations d'être ce qu'elles doivent être. On n'est pas reçu à charger la liberté des désordres que l'on croit apercevoir, lorsque le xviiie siècle s'est écoulé avec son impiété et sa dépravation et s'est élancé, du sein même de l'enseignement philosophique, dans le gouffre de la révolution.

Aujourd'hui, tout ce qui est hostile au parti catholique proclame que la Pologne sera abandonnée, parce que la

Pologne représente la cause de Rome et que Rome catholique doit succomber. Ensuite, pour atteindre plus sûrement ce but et pour dissimuler leurs projets, nos adversaires ont doublé leurs batteries d'attaque. En dépit des thèses paradoxales, les cœurs généreux allaient délivrer une nation martyre, pour paralyser leur élan, on vient d'inventer la calomnie de l'hydre révolutionnaire.

Cependant la cause de la Pologne n'a changé, ni dans son principe, ni dans son but ; elle est toujours la cause du catholicisme et de la liberté ; si le cri des oiseaux sinistres, qu'on rencontre à quelques journées de la mort, retentit déjà sur les destinées des descendants des Jagellons et de Sobieski, c'est que le danger est plus affreux, la lutte plus sanglante, le devoir de les secourir plus impérieux !

Si l'on abandonne la Pologne, quelle sera un jour la morne surprise de la postérité, de voir que, du faîte de tant de gloire, quand le nom français remplissait l'univers, ses aigles victorieuses ont été abaissées devant le drapeau des czars !

L'Empereur a su gagner des batailles, rétablir l'ordre, donner l'essor au commerce, à l'industrie, à l'agriculture ; il a fait de grandes choses ; mais on l'arrête sur la rampe escarpée de l'immortalité ! La liberté l'a enfanté par la puissante volonté du suffrage universel. Elle est pour lui la source d'une force irrésistible. Elle l'a relevé sur la foi de ses serments. Il a grandi sous sa main. Elle lui a rouvert la route frayée par Napoléon Ier. La volonté nationale est la sauvegarde de sa destinée. De cette volonté dépendent la durée, la prospérité et la gloire de l'Empire !...

Or, cette volonté demande les limites naturelles, l'unification de l'Italie et la réconstitution de la Pologne !

L'opposition laisse entrevoir sa haine contre l'ordre de choses établi. Elle est en hostilité directe avec les mœurs, les progrès de la civilisation, l'esprit du temps, la générosité du caractère national... Quelques souvenirs, quelques ambitions, quelques rêveries, particulières à des esprits faux, fermentent dans un coin du pays. Ces souvenirs, ces ambitions, ces rêveries ne sont point l'opinion qu'il faut satisfaire. Ils ne peuvent donner à la France que la crainte d'un système favorable à sa grandeur.

Les hommes qui ont souffert ensemble des discordes civiles, également fatigués... se résignent à achever en paix leurs vieux jours. Mais les jeunes générations, qui n'ont pas besoin de repos, n'entreront point dans ce compromis de lassitude. Elles marcheront et revendiqueront, l'histoire et la constitution à la main, le prix du sang et des larmes de leurs pères. On ne fait pas reculer les générations qui s'avancent, en leur jetant à la tête des fragments de ruines et des débris de tombeaux. Ceux qui prétendent mener le passé au combat contre l'avenir, sont victimes de leur témérité : les siècles en s'abordant les écrasent !

J'ai dit ma pensée. C'est un phare dont la faible lumière éclaire un récif. Je supplie le gouvernement de l'Empereur de ne voir dans ce modeste travail que l'expression d'un dévouement dont la rigoureuse sincérité ne combat que les ennemis de la France !

FIN

TABLE DES MATIÈRES

POISSY. — TYP. ET STÉR. DE A. BOURET.

www.ingramcontent.com/pod-product-compliance
Ingram Content Group UK Ltd.
Pitfield, Milton Keynes, MK11 3LW, UK
UKHW021936070726
13614UKWH00001B/469